KB006201

소설 재미있게 읽는 법

발견하고 창조하는 소설 읽기

생애가을 **02**

더행의 독서의 궁극 **SERIES 02**

소설 재미있게 읽는 법

발행일 2021년 3월 20일

지은이 조현행
펴낸이 최혜정
펴낸곳 도서출판 생애
출판등록 2019년 9월 5일
제377-2019-000077호
주소 수원시 팔달구 권광로 373
메일 saengaebook@naver.com

디자인 (주)디자인집 02-521-1474

ISBN 979-11-970261-3-3

※ **생애 가을**은 도서출판 생애의 '책을 위한 책'입니다. 가을 열매처럼 잘 익은 사유들을 담습니다.

※ 본문서체 중 일부 페이지에 마포금빛나루가 사용되었습니다.

더행의 독서의 궁극
SERIES 02

소설 재미있게 읽는 법

발견하고 창조하는 소설 읽기

조현행 지음

생각

차례

2장. 소설을 읽으면 무엇이 좋은가

3장. 소설, 어떻게 읽는가

4장. 한국 현대 단편 소설 깊이 읽기

2021 개정판을 내며

소설 읽기를 배운다는 것

지금으로부터 2300년 전 고대 그리스의 철학자 아리스토텔레스는 자신이 쓴 《정치학》이라는 책에서 주인과 노예를 구분하여 설명합니다. 그에 따르면, 주인은 "지력(智力)을 사용하여 앞을 내다보는 자"이며, 노예는 "몸을 써서 주인의 뜻을 집행하는 자"입니다. 주인은 '생각하는 힘을 갖춘 사람'이라 할 수 있고, 노예는 그저 '주인의 명령에 복종하는 자'를 말합니다. 그러니까 노예는 '스스로 생각을 만들어 내지 못하는 자'를 가리킵니다. 아리스토텔레스는 주인과 노예는 본래 그런 운명을 가지고 태어난다고 말합니다. 이미 정해져 있다는 뜻이지요.

세월은 흘러 노예제는 사라지고 없습니다. 지금 시대에 자신이 노예라고 생각하거나, 노예처럼 살고 싶다고 생각하는 사람은 아무도 없을 겁니다.

우리는 그 어느 시대보다 자유로운 삶을 살고 있습니다. 하지만 과연 그럴까요? 정말로 이 시대에 노예처럼 사는 사람은 없을까요? 현대인들은 자유롭게 살아가는 것처럼 보이지만 그 삶을 자세히 들여다보면 주인처럼 사는 사람이 있는가 하면 노예의 삶에서 벗어나지 못하는 사람들이 많다는 걸 인정하게 됩니다. 그런 의미에서 2300년 전 노예제가 공동체의 기반이었던 사회와 지금의 사회 상황은 크게 변한 게 없는지도 모릅니다.

아니, 어쩌면 지금 우리 사회에서 '노예제'는 더욱 공고하고 확고하게 자리 잡아 유지되고 있는지도 모릅니다. 달라진 점이 있다면, 지금 시대의 주인은 고대 시대의 주인처럼 인간으로 한정된 것이 아니라, 사람을 지배할 수 있는 '모든 것'으로 확장되었다는 점입니다. 그 '모든 것'에는 사람을 포함하여 사물인터넷이나 AI는 물론 규범이나 도덕, 제도나 체제, 이념이나 이데올로기도 포함됩니다. 이러한 것들은 인간의 사고를 지배하고 행동을 제한합니다. 그리고 사람의 생각과 행동을 특정한 방향으로 유도하기도 합니다. 고대 사회에서는 주인과 노예라는 신분이 정해져서 태어나지만 지금 시대에는 '스스로 생각하는 힘'을 갖추지 못한 사람은 누구라도 노예가 됩니다.

지금 시대의 주인과 노예를 가르는 기준도 아리스토텔레스가 말한 것과 크게 다르지 않습니다. 지금 시대 주인의 삶을 사는 사람은 생각의 근육이 탄탄한 사람입니다. 주인은 자신의 눈으로 과거를 되새기고 현실을 읽어내며 미래를 내다보면서 인간과 세계를 총체적으로 성찰할 줄 아는 사람입니다. 스스로 '생각할 수 있는 힘'을 갖추는 것은 주인의 기본 능력입니다. 그래서 주인은 일상에서 '생각하는 시간'을 따로 마련해둡니다. 일상과 거리를 두고 생각하는 시간을 갖는 것입니다.

그러나 이 시대에 노예로 사는 사람의 일상에는 '생각하는 시간'을 찾아보기 힘듭니다. 그저 '먹고사는 일'에만 매달립니다. 일하고, 먹고, 쉬는 것만으로도 삶이 힘들기 때문에 일상에서 따로 생각하는 시간을 마련하는 일은 매우 어려운 일입니다. 돈 버는 일 이외의 삶, 다른 삶에 대해 상상해 볼 기회 자체가 없어요. 그래서 자신만의 생각은 만들어지지 않습니다. 주인과 노예는 '생각하는 시간과 기회'를 따로 갖고 있는가에 따라 나뉩니다.

인간은 현실 이외의 다른 삶을 생각해 볼 때 시야가 트이는 경험을 할 수 있습니다. 그 과정의 요목들을 하나하나 짚어내고 이해할 수 있을 때 인간의 정신은 성장해 갑니다. 그렇게 형성된 단단한 내면이 흔들리는 자신을 지켜줄 것입니다. 내면이 텅 빈 사람은 늘 타인의 말과 행동에 쉽게 흔들리고 불안해합니다. 겉으로 보이는 멋지고 화려한 것에 현혹되어 버립니다. 쉽게 좌절하고 방황합니다. 노예의 삶입니다.

이쯤에서 강조해서 말해 보고 싶습니다. 소설을 읽고 사유를 하는 일은 바로 '생각하는 시간'을 마련하는 일과 같습니다. 우리의 삶을 주인의 삶으로 변화시키려는 실천입니다. 그러니 소설 읽기는 해도 되고 안 하면 그만인 그런 사소한 일이 아니라, 반드시 우리가 배우고 익혀야 하는 훈련입니다. 소설을 읽고, 질문을 던지고, 그에 대한 자신만의 해석으로 이 세계를 이해하고 어떤 의미를 형성하는 일은 내 삶을 더 나은 방향으로 이끌어주는 중요한 일입니다.

이 책은 2017년에 출간된 〈소설 재미있게 읽는 법〉의 개정판입니다. 미흡한 부분은 고치고, 부족한 부분은 보완하는 데 노력을 기울였습니다. 소설을 읽고 사유하는 일의 의미와 가치를 전달하려고 했습니다. 조금 욕심을 부려서, 거기서 더 나아가 소설 읽기의 미적·지적 행위에서 얻을 수 있는 아름다움에 가 닿으려고 노력했습니다. 부디 이 책이, 소설을 아끼고 사랑하는 독자들과 지금 막 소설에 관한 관심이 생긴 독자들에게 조금이라도 도움이 되기를 간절히 바랍니다.

2021년 2월 수리산 자락에서

더 행

2017 프롤로그

왜 소설을 읽는가

● 우리는 누군가 어처구니없고 허무맹랑한 이야기를 할 때 "너 소설 쓰냐?"라는 우스갯소리를 하곤 합니다. 또 실현 가능성이 없는 일에 대해 말할 때 "그건 소설에나 나올 법한 이야기"라고 말하기도 하지요. 또 지루하거나 심심할 때, 그냥 "소설이나 읽어"라는 말도 흔하게 합니다. 이런 말들 속에는 소설에 대한 어떤 편견이 깔려있음을 짐작할 수 있습니다. 소설은 그저 현실과는 상관없는 허구에 불과할 뿐이며, 그래서 소설 읽기는 현실에 아무런 도움을 주지 못하므로 그저 취미 삼아 읽으면 그만이라는 생각이 그것입니다. 이렇게 소설 읽기에 대한 치우친 생각들은 소설 독서를 방해하는 요인으로 작용합니다.

소설 읽기를 어렵게 만드는 또 하나의 요인은 소설 읽기에 대한 제대로 된 경험 부족에서 찾을 수 있습니다. 지금까지 공교육에서 담당한 소설 읽기 교육은 지식의 수용, 전달 중심의 주입식 교육이었다는 것을 부인하기 어렵습니다. 학생들은 소설을 읽고 즐기며 어떤 의미를 찾아 해석하여 그것을 향유하기보다는 소설의 내용과 주제를 파악하고, 이미 나와 있는 전문가의 해설을 암기한 후 시험문제를 푸는 방식으로 소설 읽기를 경험해 왔습니다. 학교에서나 학교 밖에서나 우리의 소설 읽기 교육은 제대로 이루어지지 않고 있습니다. 이로 인해 사람들은 학교를 졸업한 후에도 소설 읽기를 어떻게 해야 할지 몰라 난감한 경우가 많습니다.

소설 읽기가 힘든 또 하나의 이유를 든다면, 매체 환경 변화에서 찾을 수 있습니다. 지금은 압도적인 영상의 시대입니다. 90년대 중반 이후 본격적인 영상 매체 시대에 접어들면서 사람들은 책보다는 접하기 쉬운 영화나 드라마 등과 같은 영상을 더 많이 찾아서 보고 있습니다. 화려하고 아름다운 영상들은 인간이 가진 감각들을 단숨에 사로잡아 버립니다. 3천 페이지가 넘는 소설『레미제라블』을 읽는 것보다는 3시간 남짓이면 볼 수 있는 영화 〈레미제라블〉을 선택하는 건, 바쁜 현대인들이 지식과 교양을 쌓기 위한 간편한 방법일지도 모릅니다.

그러나 소설 읽기를 통해 얻을 수 있는 유익함을 생각할 때, 앞에서 언급한 이유로 소설 읽기가 어려워지는 상황은 정말로 안타까운 일입니다. 소설 읽기는 생각보다 더 크게 인간과 세계에 대한 이해와 안목을 길러주기 때문입니다. 소설은 인간과 세계의 형상과 이미지를 구체적으로 가장 잘 보여주는 장르입니다. 독자는 소설을 읽으면서 머릿속에서 그 형상과 이미지를 상상하면서 즐거움을 얻습니다. 그 과정을 통해 인식된 지적·정서적 경험을 통해 깨달음을 얻고 자신을 확장해 나갑니다. 독자는 소설 읽기를 통해 인간과 세계에 대한 깊은 이해의 지평을 넓히면서 정신적으로 성장하는 것입니다.

소설을 깊이 읽기 위해서는 먼저 지금 우리가 살아가는 시대의 특징들을 짚어보고 이해해 볼 필요가 있습니다. 지금 시대는 분명 과거와는 다른 차원의 모습으로 작동되고 있기 때문입니다. 근대를 거쳐 현대에 이르기까지 인간의 삶은 점점 더 복잡해지고 그 크기를 가늠할 수 없을 만큼 광범위해지고 있습니다. 지금 시대에 인간과 세계를 이해하는 것은 단순한 문제가 아닙니다. 당연한 말이지만, 지금은 서양의 중세시대나 한국의 조선 시대와 같이 종교와 유교라는 절대적인 하나의 가치관으로 인간과 세계가 단순하게 작동되는 시대가 아닙니다. 현대의 인간들은 점점 개인화되고 삶의 모습들은 파편화되고 있습니다. 우리가 살아가는 이 시대는 그에 걸맞은 다양한 가치들이 요구됩니다. 우리는 더 다양한 가치를 바탕으로 한 세계관으로 인간과 세계를 알고 이해하기를 원합니다.

그러기 위해서는 동시대인의 삶을 자세히 들여다보아야 합니다. 현대인들은 어떤 존재이며, 무엇을 느끼고 생각하고 행동하는가에 대한 넓은 층위에서의 관찰과 사유가 필요한 것입니다. 이러한 동시대인의 삶의 양태를 세밀하게 보여주는 것이 지금 나오는 소설이라 할 수 있습니다. 현대소설은 나와 별반 다를 것 없는 인물이, 나와 비슷하게 살아가는 모습을 보여줍니다. 독자는 소설 속의 인물을 통해, 자신의 모습을 돌아보고 나아가 나와 타인의 마음과 행동을 이해하고, 그러한 인간들이 모여 살아가는 이 세계가 작동하는 메커니즘을 인식하게 됩니다. 소설 읽기는 복잡하고 불확실하게 흘러가는 이 세상에서 좀 더 나은 삶을 영위하기 위한 공부인 것입니다. 물론 그것은 꼭 소설이 아니어도 됩니다. 하지만, 소설만큼 현대인의 삶을 세세하게 들여다볼 수 있는 것은 없습니다. 소설은 현대인의 깊은 내면과 마음을 자세히 알 수 있게 해주는 최고의 인문학 텍스트입니다.

이 책은 소설 읽기가 갖는 의미가 무엇인지 말하고, 소설을 읽으면 무엇이 좋은지 알리면서, 그 방법을 구체적으로 제시하고, 소설을 읽고 해석한 부분을 구체적으로 보여주고자 했습니다. 이 책은 기존의 소설 읽기 방식들 즉, 인물, 사건, 배경, 문체 등을 파악하고 주제를 찾는 방법들을 따르지 않고 보다 자유로운 방식으로 다양한 해석에 이를 수 있는 방법을 시도하고 또 제시하고자 했습니다. 소설을 읽으면서 생겨나는 궁금증에 대하여 질문을 던지고 그에 대한 답을 찾아 자유로운 해석을 이끌어 내는 방식에 초점을 맞췄습니다.

누군가는 말했습니다. "어둡다고 해서, 모두 똑같이 어두운 것은 아니다." 이 말은 '어둠'은 하나로 설명될 수 없다는 의미입니다. '어둠'에는 각각의 채도가 있습니다. 인간도 마찬가지입니다. 다 비슷해 보이는 인간들이라도, 제각기 다른 색깔들의 채도를 지니고 있습니다. 인간이 가진 그 비슷하게 보이는 색깔의 채도들을 분별해 내는 일이 결국 인간과 세계를 제대로 깊이 있게 인식하고 이해하는 일이 되리라 생각합니다. 그것이 '인문학적 사유'의 출발입니다. 인간의 다양한 군상들을 낱낱이 기록하고 있는 소설을 읽는 일은 바로 나와 타인에 대한 이해의 마음자리를 키우는 일입니다.

2017년 9월 수리산 자락에서

조현행

수업에 들어가며

발견하고 창조하는 소설 읽기

소설 수업에 들어가기에 앞서, 소설과 소설 읽기에 대해 제가 생각하는 바를 말씀드리겠습니다. 그것은 소설을 둘러싼 저의 관점(觀點)과 지향(志向)이라고 할 수 있는데요. 제가 생각하는 소설과 소설 읽기는 무엇인지, 그것으로부터 얻고자 하는 것은 무엇인지를 밝히고자 합니다. 그러면 독자분들이 이 책을 읽고 이해하는 데 도움이 되지 않을까 생각합니다. 가능한 한 쉽게 설명해 보도록 애써보겠습니다.

자, 먼저 다음 그림을 보시죠. 이 그림으로 소설과 소설 읽기의 세계를 설명해 보려고 하는데요. 이를 위해서는 약간의 상상력이 필요합니다. 상상력을 발휘하여 이야기를 들어주시길 바랍니다.

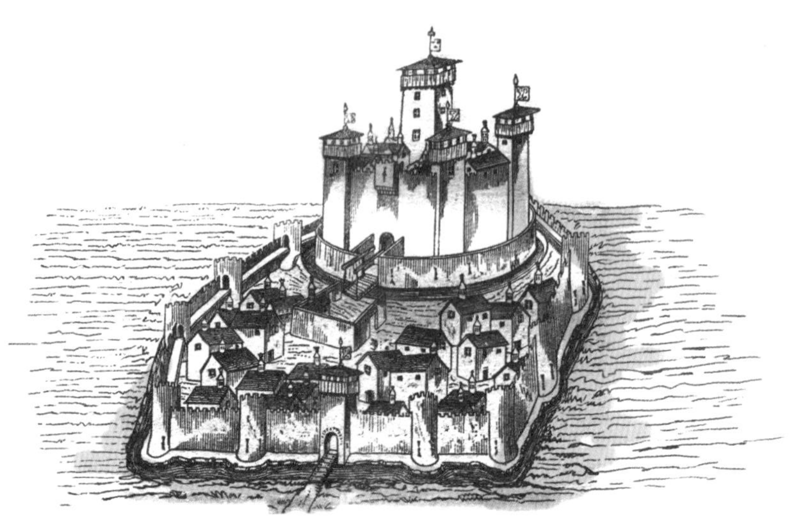

이것은 하나의 성(城)입니다. 단순히 보면 거대한 성(城)의 모습으로만 보일 테지만, 멀리서 보면 성(城)의 안과 밖이 전체적 조망으로 보일 겁니다. 예로부터 사람들은 이 성(城)안에서 터전을 이루어 살고 있다고 상상해 봅시다. 성(城)은 단단하고 높은 돌담으로 둘러싸여 있지요. 사람들은 평생 성안에서만 머물고 생활합니다. 살아가면서 사람들이 이 돌담 밖으로 나올 일은 거의 없습니다. 성안의 사람들은 대대로 만들어진 법과 규범, 질서에 맞춰서 살아갑니다. 그렇기에 그들의 삶은 성안으로 한정되어 있습니다. 그래도 문제 될 건 없습니다. 성 밖의 사정을 몰라도 삶은 유지되니까요.

그래서일까요. 성안에서 사는 사람들은 성 밖의 세계에 대해서는 잘 알지 못합니다. 그곳에 무엇이 있는지, 어떤 세상이 펼쳐져 있는지 생각하지 못하고 상상하려고도 하지 않습니다. 성 밖의 세계는 성안 사람들에게 인식될 수 없는 세계일 뿐입니다. 하지만 보시다시피, 성(城)안 사람들이 알지 못한다고 해서 성(城) 밖의 세계가 없는 것은 아닙니다. 분명히 존재하는 세계죠. 그 사실을 성안 사람들이 모를 뿐입니다. 볼 수 없고, 알 수 없다고 해서 성 밖의 세계가 없다고 말하면 안 됩니다. 사실이 아니니까요.

성 밖의 세계가 '인식될 수 없다'라는 것은 그곳을 '상상할 수 없다'라는 의미와 같습니다. 성안 사람들에게 성 밖의 세계는 그렇게 '존재하지 않는 세계'가 됩니다. 성안 사람들은 성 밖의 세계를 망각한 채 살아갑니다.

이 그림은 지금 우리의 모습을 잘 설명해주고 있습니다. 21세기를 살아가는 현대인들은 우리를 둘러싼 세계 전체를 볼 수 있고, 경험할 수 있다고 생각하기 쉽지만, 알고 보면 우리는 '성'(城)이라는 우물에 갇힌 개구리처럼 살아가고 있는지도 모릅니다. 성 밖의 세계는 알지도 못하고, 알려고 하지도 않으면서 말입니다. 성안이라는 한정된 공간에서 그곳에서만 유효한 생각과 생활방식, 법, 규범, 질서를 따르면서 말입니다. 우리는 대한민국이라는 성(城), 학교라는 성(城), 직장이라는 성(城), 공동체라는 성(城)에 갇혀서 살고 있는 존재가 아닐까요? 그 성(城)이라는 것은 그곳에서 만들어 낸 이념이나 사상, 도덕과 관습, 이데올로기가 아닐까요? 그것이 아니라면, 우리는 각자 저마다의 성(城)안에 틀어박혀 살고 있는 존재가 아닐까요?

이런 세계에서 소설은 어떤 역할을 할 수 있을까요. 우리가 사는 세계가 이러하다면, 이 세계에서 소설은 무엇이고, 무엇을 할 수 있는가, 소설가는 무엇을 쓰는가, 소설을 읽는 행위는 무엇을 말하는가, 왜 우리는 소설을 읽는 일을 멈추면 안 되는가, 라는 질문의 답을 앞의 이야기와 연결해서 설명해 보도록 하겠습니다. 참고로 제가 하는 언어적 행위 즉, 저의 말과 글은 이러한 범주에서 뻗어나간다고 말씀드릴 수 있습니다. 이 속에서 인간과 세계를 하나씩 탐사해 나가는 일이 제가 중요하게 생각하는 일입니다. 그렇게 이해해 주시면 고맙겠습니다.

다시 소설로 돌아와서, 먼저 소설은 무엇이고 소설가는 무엇을 쓰는가. 소설은 성안에서 살아가는 소설가가 성 밖의 세계를 상상해보고 지어낸 '이야기'입니다. 소설가는 성안에서 사는 사람입니다. 이 사실이 중요해요. 소설가는 이쪽에 살면서 저쪽의 세계를 그려보고 그 이야기를 성안에 있는 사람이 알아들을 수 있는 언어로 들려주는 사람입니다. 글로 써서 보여주는 것이죠. 그 이야기가 소설입니다.

소설가가 성안에 발을 딛고 살면서 성 밖의 이야기를 지어낸다는 말의 의미는 소설이 현실과 밀접한 관련이 있다는 것을 뜻합니다. 소설은 현실과 상관없는 '완전한 허구'가 아니란 말이죠. 정확히 말하면 소설은 '현실과 연결된 허구'입니다. 소설이 우주 행성의 어느 외계인이 쓴 것이 아니라 우리와 함께 삶을 공유하는 소설가가 썼다는 사실은 소설이 우리의 현실을 담고 있다는 것을 의미합니다. 소설은 허구이지만 현실을 반영합니다. 그래서 소설은 언제나 현실과 관계합니다. 소설은 현실을 비추는 역할을 하는 것이죠.

우리는 소설이라는 허구의 이야기를 통해 지금 우리의 현실을 더 잘 이해할 수 있습니다. 현실을 살아간다고 현실에서 일어나는 현상들을 잘 이해할 수 있는 것은 아닙니다. 우리는 무엇인가를 잘 알기 위해서는 그것으로부터 조금 떨어져서 보아야 합니다. 혹은 그 반대편에서 그 대상을 바라보고 관찰하는 것이 중요합니다. 가령, 지옥을 설명하려면 천국을 그려볼 수 있어야 가능한 것처럼 현실을 이해하기 위해서는 현실 바깥을 상상할 수 있는 능력이 필요합니다. 현실을 비추는 상상의 이야기를 담고 있는 소설을 통해 우리는 비로소 우리의 현실을 더 또렷이 볼 수 있습니다. 또 그것을 바탕으로 우리가 앞으로 살아갈 방향을 정할 수 있습니다. 소설은 이렇게 과거와 현재 그리고 미래에 모두 관여합니다.

소설가는 성(城) 밖의 세계를 보려고 노력합니다. 그런데 앞서 강조했듯이, 성 밖의 세계는 성안 사람들에게 잘 보이지 않아요. 그래서 소설가는 열심히 상상을 합니다. '성 밖의 세계에서는 이런 일이 일어날지도 몰라, 그러면 사람들은 이런 행동을 할 거야, 그곳에는 법과 질서, 사상과 윤리, 이념이나 이데올로기와 같은 것은 없을 거야'와 같은 상상을 하고 머릿속에서 그려보고, 이미지로 형상화해보고 마침내 글로 쓰는 것이죠. 소설가는 이렇게 상상한 것을 '보여주는' 사람입니다. 소설가는 답을 주는 사람이 아니라 자신이 창조한 세계를 들려주는 사람입니다.

소설가가 보여주는 세계는 이곳에서는 볼 수 없었던 '새로운 세계'라 할 수 있습니다. 그런 의미에서 그 세계는 '발명된 세계'이며 여기와는 '다른 세계'입니다. 또한 성 밖의 세계는 '아직 발견되지 않은 가능성의 세계'라 할 수 있습니다. 소설가가 구현해 놓은 그 세계를 통해 독자는 이곳과는 다른 세계의 모습들을 볼 수 있게 되는 것입니다. 독자가 소설을 읽는 일은 그 '다른 세계'를 보고 새로운 것을 경험하는 일이라고 할 수 있습니다. 그곳에서 발견된 것들이 지금 우리의 모습을 드러내고 설명해 줄 겁니다.

소설가가 '다른 세계'를 보여주었다면, 거기서 무엇을 '발견'할 것인지는 전적으로 독자의 몫입니다. 소설가는 보여주기만 할 뿐이에요. 그곳에서 무엇을 보고 느끼며, 또 발견할지는 독자가 가진 경험치에 따라 달라질 것입니다. 그 세계에서 남들이 발견하지 못하는 것을 발견할 수도 있고, 그렇지 못할 수도 있습니다.

'발견'을 위해서 필요한 것은 상상력입니다. 상상력은 소설가에게만 필요한 것이 아니라 독자에게도 필요합니다. 그런데 알다시피 성안에서 살던 사람들은 고정관념과 편견, 습관, 이데올로기의 지배를 받는 존재들입니다. 이 습성대로 소설을 읽으면 안 됩니다. 그러면 그 한계에 갇혀서 그 이상의 무엇을 '발견'하기는 어려워요. 그래서 독자에게는 소설을 읽으면서 부단히 '성 밖'을 넘어다보려는 노력이 필요합니다. 다르게 보고, 새롭게 생각하는 훈련을 해야 합니다. 소설을 읽는다는 것은 성(城)이라는 우물 밖의 세계를 경험하는 일이라고 할 수 있어요. 물론 이는 상상을 통해서만 가능한 일입니다.

소설을 읽으면서 성 밖의 세계를 상상하며 무엇인가를 발견했다면, 그것에 언어의 옷을 입힐 수 있습니다. 자신이 발견한 것을 언어로 표현하는 것이죠. 그에 대해 말을 하거나 쓰는 것입니다. '내가 본 세계는 이런 세계야, 그곳은 이곳과 너무도 달라, 그것은 이런 의미가 있어'라고 말할 수 있다면, 그 '발견'은 '창조'가 됩니다. 내가 나의 언어로 삶 하나를 '발명'해낸 것이죠. 언어의 옷을 입지 않은 발견과 상상들은 스쳐 지나가는 공상과 다를 바가 없어요. 시간이 지나면 흔적도 없이 사라지고 말 먼지와 같습니다. 우리의 '발견'은 언어로 명명해주어야 비로소 '창조'가 되는 것입니다. 이것은 나의 삶을 '창조'해내는 일과 같습니다. 그런 의미에서 소설을 읽고 그에 대해서 말하고 쓰는 사람은 모두 창조자이자 예술가입니다. 내 삶을 스스로 창조할 수 있는 사람이 삶의 주인입니다. 주인의 자리를 아무에게나 쉽게 내어주어서는 안 됩니다. 내 삶은 내가 창조해서 꾸려나가야 하지 않겠습니까.

소설 재미있게 읽는 법

01. 느낌에서 사유로

02. 해석의 시대, 왜 소설인가

03. 책이 아니면 안 되는 이유

04. 불안한 시대의 소설 읽기

05. 현실에 대한 비판을 담은 소설

06. 아름다움에 대한 추구

07. 인간을 상상하는 일

08. 인간의 실존을 탐구하는 소설

09. 진실에 다가가는 말들

10. 소설은 판단이 정지된 땅

1장.

소설 읽기란 무엇인가

01 느낌에서 사유로

소설을 읽고 난 후 우리가 갖는 느낌과 생각들은 대개가 정서적 차원의 반응들이다. 책이 재미가 '있다', '없다'와 같은 간단한 느낌에서부터 책에서 받은 위안이나 감동, 책과 관련된 어떤 기억과 추억이 불러일으키는 감정들이다. 나는 이것을 '정서적 독서'라고 부른다. 다른 한편으로 이와는 다른 독서가 있는데, 책을 읽은 후 앞서 말한 것과 같은 개인적 차원의 감정을 느끼는 것뿐만이 아니라, 여기서 확장된 시각으로 이 세계와 인간을 이해해보려는 사회적 차원의 독서가 있다. 나는 이것을 '사유적 독서'라고 부른다. 다시 말해, '사유적 독서'란 개인적인 차원의 '정서적 독서'를 현실적 차원의 독서로 그 범위를 넓혀서 지금 우리가 사는 세상을 깊이 있게 통찰해내려는 읽기를 말한다. 소설을 읽는 일은 '정서적 독서'에서 '사유적 독서'로의 이행이라고 할 수 있다.

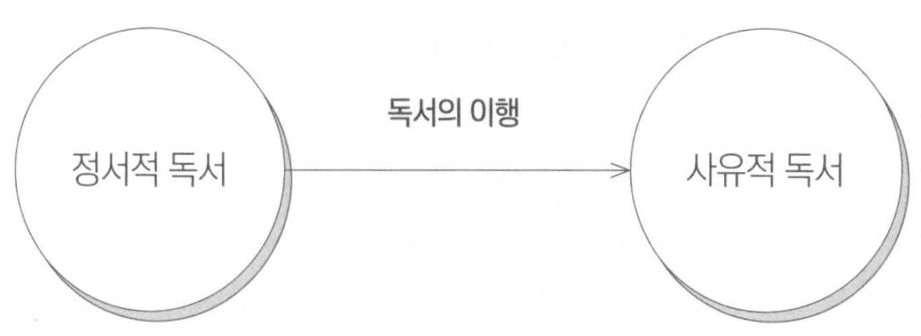

예를 들어보자, 위기 가정에서 자라난 한 인물의 성장기를 다룬 J.D 밴스의 소설 『힐빌리의 노래』를 읽은 독자가 책을 통해 자신의 불우한 어린 시절을 회상하고 그때 받은 상처를 위로하고 치유하는 경험을 했다고 해보자. 이는 '정서적 독서'에 해당한다. '사유적 독서'는 여기에서 그치지 않고, 이러한 개인적 경험을 현실의 문제로 확장시켜 인식하고 그 상황을 톺아보는 읽기이다. 여기에서는 다음과 같은 질문을 해볼 수 있다. '개인의 고통과 불행은 사회와 어떤 관련이 있는가, 그 사회는 개인의 절망적인 상황에 대해 어떤 태도를 보이는가, 인간은 이러한 불행에서 어떻게 벗어날 수 있는가'와 같은 질문을 던져보고 그에 대해 사유해보는 독서 방식이다. 이러한 '사유적 독서'는 개인에게 한정되어 있던 독서 경험을 이 사회로 뻗어나가게 하여 지금 이 세계와 인간에 대한 깊은 이해에 도달하게 하는 독서를 의미한다.

'사유하는 독서'는 '질문하기'로 시작한다. 소설은 현실을 반영하기 마련이고, 현실의 문제들을 가지고 있다. 그리고 거기서 다르게 발견하게 될 질문들은 우리가 한 번도 생각해 보지 못했거나 미처 다뤄보지 못한 부분일 가능성이 크다. 그 질문들은 현실에서는 보이지 않는 문제들을 보여주고, 새롭게 인식하게 하는 역할도 한다. 책을 읽으면서 그동안은 문제라고 생각하지 않았던 것들이 실제로는 어떤 의미를 지닌 문제였다는 것을 알게 되는 경우도 많다. 그러므로 소설을 읽고 '질문하기'는 정서적 독서에서 사유하는 독서로 나아가는 중요한 관문이라고 할 수 있다.

질문은 같은 현상을 다른 각도에서 바라보게 하고 새로운 시선으로 생각하게 하는 힘이 있다. 생각을 확장 시키는 힘이 바로 질문하기에 달린 것이다. 어쩌면 책을 읽는다는 것은 질문을 만드는 법을 배우는 과정일지도 모른다. 나온 질문의 겹을 두텁게 하고, 질문의 수준을 높이고 그 내용을 다듬어 정리하는 일도 모두 사유하는 행위에 포함된다. 생각의 지평을 넓히기 위한 독서는 질문하는 행위로 가능하다.

하나 더 강조하자면, 그 질문은 '현재적'이어야 한다는 점이다. 질문이 '현재적'이라는 말은 그 질문과 그로 인한 생각이 지금 우리의 삶을 이해하는데 도움을 주어야 한다는 의미이다. 현재의 삶을 사유하지 않는 소설 읽기는 무용(無用)하다. 이를 위해서는 그 질문의 중심에 자신이 있어야 한다. 그 질문이 지금 내 삶의 무엇을 보여주고, 내 삶에 어떤 영향을 미치며, 앞으로 내가 어떤 방향으로 살아야 하는지를 사유하게 하는가를 짚어봐야 한다는 의미이다. '내'가 빠진 질문은 공허할 뿐이다. 그러나 '나'를 포함시키면 질문은 달라진다. 누구도 던지지 못한 나만의 질문이 나온다. 질문이 달라지면 그에 따른 생각이나 관점도 바뀔 수 있다. 또한 관점이 바뀌면 행동이 달라질 수 있다. 이렇게 소설을 통한 변화는 나로부터 시작되는 질문에서 출발한다. 변화는 멀리 있는 게 아니다.

중요 point

질문은 같은 현상을 다른 각도에서 바라보게 하고 새로운 시선으로 생각하게 하는 힘이 있다. 생각을 확장 시키는 힘이 바로 질문하기에 달린 것이다. 어쩌면 책을 읽는다는 것은 질문을 만드는 법을 배우는 과정일지도 모른다. 나온 질문의 겹을 두텁게 하고, 질문의 수준을 높이고 그 내용을 다듬어 정리하는 일도 모두 사유하는 행위에 포함된다. 생각의 지평을 넓히기 위한 독서는 질문하는 행위로 가능하다.

02 해석의 시대, 왜 소설인가

● 바야흐로 해석(解釋)의 시대이다. 해석이란 "사물이나 행위 따위의 내용을 판단하고 이해"하여 나아가 그것의 의미를 산출한 내용을 말한다. 지금 시대가 요구하는 것은 넘쳐나는 지식과 정보의 홍수 속에서 무엇을 얼마나 많이 알고 있는가가 아니라 필요한 지식과 정보들을 선별하여 목적에 맞는 유용한 자료로 모으고 편집하여 다시 의미 있는 새로운 아이디어로 재생산하는 능력이다. 우리는 이렇게 도출된 '새로운 아이디어'를 가리켜 창조적 산물이라고 한다. 이른바 창조력은 이 시대가 갖추어야 할 필수 능력이 되었다. 그렇다면 창조력을 어떻게 기를 수 있을까? 두말할 것 없이, 창조력은 해석의 힘에서 나온다. 수집된 지식과 정보를 이해하고, 그것에서 어떤 의미를 산출해 내는 행위의 전 과정이 해석이요, 창조의 과정인 것이다. 니체는 "모든 해석은 창조다"라고 말했다. 해석과 창조는 떼려야 뗄

수 없는 불가분의 관계라 할 수 있다.

미국 스탠퍼드대 폴 김 교수는 『티칭이 아니라 코칭이다』라는 책을 내고 한 인터뷰에서 "한국 학생과 미국 학생은 어떻게 다른가?"라는 질문에 다음과 같이 답했다. "한국의 학생들은 수동적이고 질문도 잘하지 않는다. '어떻게 하면 취직이 잘되는지', '삼성 같은 대기업에 들어가려면 어떻게 해야 하는지'를 묻는 것이 한국 학생들이 주로 던지는 질문들이라고 한다. 이와는 달리, 스탠퍼드대 학생들은 주로 '나는 삼성보다 더 큰 회사를 만들고 싶은데 어떻게 해야 하나'와 같은 질문을 한다"고 한다. 이렇게 한국 학생들과 미국 학생들은 질문의 차원이 다르다. 이는 학생들의 평소 사고방식을 짐작하게 한다. 그것은 수동성과 능동성의 차이라고 할 수 있다. 한국 학생들의 답변에는 자신이 어딘가에 종속되어 일하겠다는 수동성이 깔려있고, 미국 학생들의 대답에는 자신이 새로운 생각을 만들어 내어 주도적으로 삶을 가꾸어 가겠다는 능동성이 담겨있다. 당연히 한국 학생들의 사고와 행동은 특정 기업의 문턱을 넘기 위한 수준이 될 것이고, 미국 학생들의 사고와 행동은 자신이 기업의 주인이 되었다는 상상을 하면서 실력을 기르고 자신의 한계를 부단히 뛰어넘으려는 수준이 될 것이다. 미국 학생들의 사고와 행동에는 질문을 스스로 만들어 내는 창조력이 깔려있음을 짐작할 수 있다.

이는 우리에게 소설 읽기가 왜 필요한지를 보여주는 한 사례이다. 소설을 읽고 이해하고, 생각하고, 표현하는 전 과정이 바로 사고력과 창조력을 키우는 일이기 때문이다. 소설 읽기는 해석의 작업을 수반한다. 세상의 모든 소설은 독자에게 질문을 던진다. 그 질문은 인간과 세계에 관하여 '쉽게 대답할 수 없는 질문'들이 대부분이다. 소설은 독자에게 질문을 던지고 그 해답을 독자 스스로 찾도록 요청한다. 등장인물이 왜 그러한 행동을 하는지 소설은 말해주지 않는다. 소설가는 작품을 통해 말하고 싶은 것을 인물의 말과 행동, 사건의 맥락, 사회적·역사적 배경을 통해 설명한다. 그리고 소설이 담고 있는 문제의식이나 주제의식은 은유와 상징, 알레고리와 같은 소설적 장치로 보이지 않게 숨겨 놓는다. 그 소설적 장치들을 하나씩 풀어가면서 이해하는 과정이 소설 읽기의 핵심이며, 그것의 의미를 밝혀내는 작업이 소설 읽기를 통해 기를 수 있는 창조적 사고력을 신장시키는 훈련법이다.

"해석이란 무엇인가. 해석학(hermeneutics)이라는 명칭 안에 전령사 헤르메스(Hermes)의 이름이 섞여 있는 것은 해석이라는 행위의 본질이 전달일지도 모른다는 점을 암시한다. 그러나 해석자는 이미 완성돼있는 것을 전달하는 것이 아니라, 작품이 잉태하고 있는 것을 끌어내면서 전달한다. 그러므로 ***해석은 일종의 창조다.*** 무에서 유를 창조할 수는 없지만, 잠재적 유에서 현실적 유를, 감각적 유에서 논리적 유를 창조해낼 수는 있다. 원칙적으로 해석은 무한할 수 있지만, 모든 해석이 평등하게 옳은 것은 아니다.

정답과 오답이 있는 것은 아니라 할지라도, 더 좋은 해석과 덜 좋은 해석은 있다. 이를 가르는 기준은 다양할 텐데, 나에게 그것은 '생산된 인식의 깊이'다. 해석으로 생산되는 인식이 심오할 때 그 해석은 거꾸로 대상 작품을 심오한 것이 되게 한다. 이런 선순환을 가능하게 하는 해석이 좋은 해석이라고 생각한다. 그런 의미에서 해석은 작품을 다시 쓰는 일이다. 작품을 '까는'것이 아니라 '낳는'일이다. 해석은 인식의 산파술이다."

신형철, 『정확한 사랑의 실험』

소설을 읽고 그 의미를 해석하는 일은 최고의 창조적 작업이다. 독자는 소설이 제공하는 요소들을 바탕으로 인간과 세계에 대한 가능한 이야기를 추론하고, 그것으로부터 새로운 의미를 도출해 낼 때, 소설의 깊이 읽기는 가능해진다. 바로 이 과정이 새로운 생각을 산출하는 창조적 작업임은 두말할 나위가 없다.

03 책이 아니면 안 되는 이유

• 소설의 세계에 발을 내딛기 전에, 먼저 소설 읽기를 방해하는 요소들이 무엇인지 살펴보자. 그 방해물들이 무엇인지 파악하고 멀리하려는 행위가 소설 읽기를 쉽게 하기 때문이다. 짐작하는 바와 같이 한국인들은 정말 책을 안 읽는다. 소설은 더 안 읽는다. 안타깝게도 OECD 국가 중에서 한국의 독서율은 매년 바닥을 치고 있다. 이유는 간단하다. 책보다 재미있고 흥미로운 볼 거리들이 넘쳐나기 때문이다. 그러나 한국이 이렇게 볼거리가 넘쳐나는 영상 매체의 대국이 된 기간은 겨우 25년 남짓이다. 1990년대 중반 그러니까 인터넷이 등장하기 전까지만 해도 우리는 TV나 영화관을 찾아가서 드라마나 영화를 봤다. 이후 25년이 넘는 시간이 흐르는 동안 세상은 급변했다. 우리는 언제 어디서나 스마트 폰으로 TV, 드라마, 영화, 웹툰 등을 볼 수 있다. 이제 진득하게 앉아 책을 읽는 사람들은 찾아보기

어려워졌다.

중요한 것은 이러한 인터넷 중심의 매체 환경 변화가 인간을 어떻게 변화시켰는가에 대한 인식이다. 여러 연구들을 보면, 부정적인 측면이 훨씬 많다는 것을 금세 알 수 있다. 그동안 인터넷과 스마트 폰은 인간의 사고와 행동을 무섭게 잠식해 왔다. 니콜라스 카는『생각하지 않는 사람들』에서 인터넷이 현대인들의 뇌를 근본적으로 바꾸고 있다고 경고한다. 그는 인터넷 때문에 현대인들이 생각하는 힘을 잃는다고 말한다. 왜 그럴까? 인터넷에 올라오는 정보들은 주로 쉽고, 짧고, 재미있는 글들이 대부분이다. 어렵고, 길고, 지루한 글들은 사람들이 읽지 않기 때문이다. 인터넷의 노예가 된 사람들의 뇌는 길고, 지루하고, 어려운 글을 읽어내지 못하는 뇌로 진화하고 있다고 그는 진단한다. 무엇을 읽는가에 따라 인간이 사고하는 방식도 달라진다고 할 수 있다.

인터넷 시대에 책 읽기가 더 힘들고 어려워진 이유는 우리의 뇌가 그동안 인터넷이 제공하는 글에 익숙해져서 읽는 사람의 해석을 요구하는 긴 텍스트들은 읽어 낼 수 없게 된 데에 있다. 과학의 눈부신 발전 이면에 점점 더 바보가 되어가는 현대인들이 늘어가는 현상을 우리는 어떻게 바라보아야 할까?

인간의 뇌는 굉장히 유동성이 크다고 한다. 인간의 뇌는 주위의 환경에 잘 적응하고 변화한다. 영장류를 대상으로 실험을 한 결과에 따르면 영장류의 뇌는 간단한 도구일지라도 그것을 사용하도록 훈련 시키면 훈련한 만큼 발달한다고 한다. 더 놀라운 것은 상상만 해도 영장류의 뇌가 발달한다는 점이다. 뇌는 실제로 하는 것과 상상하는 것을 잘 구분하지 못한다고 한다. 또 하나의 실험을 예로 들면, 5명의 사람들에게 키보드 멜로디를 실제로 연습시키고, 5명의 다른 사람들에게는 멜로디를 상상만 하도록 했는데, 그 결과 멜로디를 상상만 한 사람의 뇌에도 변화가 생겼다는 걸 발견했다.

또 하나, 한국인들은 성격이 급하다. 느긋하게 식사를 즐기는 문화를 가진 나라 사람들은 10분 만에 뚝딱 식사를 해결하는 한국인들을 마치 외계인을 쳐다보듯 한다. '빨리빨리'는 한국을 대표하는 말이 되었다. 이는 '한강의 기적'이라 일컫는 압축 성장이 가져온 한국적 특성이라는 시각이 지배적이다. 이런 성급함은 소설을 읽어내지 못하게 하는 요인으로 작용한다. '바빠서 못 읽는 것'이 아니라 이미 형성된 성급한 유전자 때문에 소설 하나 제대로 읽어내지 못하는 인간이 되어 버렸다고 한다면 너무 과한 설명일까. 소설 읽기는 '빨리빨리'라는 말이 통하지 않는다. 소설 읽기가 진짜 힘든 이유는, 그 지루한 시간을 참지 못하는 데에 있다고도 볼 수 있다. 이는 달리 생각해, 소설 읽기가 오히려 성급한 성격을 조금 느긋하게 만들고, 천천히 생각하는 습관을 들이게 하는 방법이 될 수 있음을 말해준다. 변하지 않는 진리는 시간과 정성을 들인 것은 반드시 눈부신 유익함으로 우리에게 돌아온다는 점이다.

중요한 것은 이것이다. 책이 아니면 안 되는 이유는 책을 읽으면서 겪게 되는 '이미지의 형성'과정의 효과에 있다는 점을 잊어서는 안 된다. 다음을 읽어보자.

"영화의 비주얼 정보는 순식간에 감각으로 들어옵니다. 뇌는 순간적으로 그것을 받아들일 수 있지만, 문자언어는 이미지와는 달리 금세 모양이 떠오르지 않죠. 상상력을 동원해서 스스로가 모양을 만들어 나가야 됩니다. 실은 이것이 매우 중요합니다. 효율이라는 의미에서는 아주 나쁘죠. ***문자에서 이미지까지 가기 위해서는 시간차가 생기고, 그 속에서 생각하거나 상상해야만 하니까요. 물론 이것은 아주 짧은 순간일 수 있어요. 하지만 그 사이에 자신의 뇌가 상상력과 사고력을 발휘합니다. 여기에서 처음으로 언어의 운용 능력이 생겨납니다.*** 책이 아니면 안 되는 가장 큰 이유가 여기에 있습니다. 이런 것은 정말 책 말고는 생각할 수 없습니다. 책은 어떤 의미에서 시대에 뒤떨어진 미디어이지만 그 느림 속에 정신을 형성하는 정말 중요한 힘이 숨어 있는 것입니다."

-『교양이란 무엇인가』, 동경대 교양학부

책을 읽으면 독자는 머릿속에서 책의 내용을 이미지로 변환하는 작업을 진행한다. 책 속의 내용을 그림을 그리듯이 머릿속에 그려보는 것이다. 이 과정에서 상상력과 사고력이 촉발된다. 빠르게 지나가는 영상은 그만큼 내용을 이미지로 변환하는 시간을 책만큼 허락하지 않는다. 책이 아니면 안 되는 이유는 바로 이 '이미지 형성'과정 여부에 있다고 해도 과언이 아니다.

04 불안한 시대의 소설 읽기

기왕에 한국 사람들의 독서를 어렵게 하는 요인들을 짚어봤으니, 우리가 살아가는 모습을 조금 더 자세히 들여다보기로 하자. 현대인들이 무엇을 보고, 느끼고, 생각하는지를 아는 것은, 소설을 읽고 이해하는 데에 유용한 힌트를 제공하기 때문이다. 물론 여기에서 현대인들의 다양한 삶의 방식과 특징을 모조리 알기는 불가능하다. 하지만 구체적인 삶의 모습을 하나라도 더 알아내는 노력으로 인간을 조금이나마 더 이해할 수 있게 될 것이다. 현대인들은 어떤 존재들인가. 그들은 어떠한 생각을 하고, 무엇을 위해 살아가는가.

범박하게 말해, 현대인들은 '불확실한 시대'를 혼란스럽게 건너가고 있는 존재들이라고 할 수 있다. 오늘을 살아가는 사람들은 지금의 이 세계가 아무것도 보장할 수 없고, 현재와 미래의 삶이 불투명하다고 느끼며 그래서 필연적으로 '불안'을 떠안고 살아가는 존재들이다. '열심히 노력하면 성공할 수 있다'라는 환상은 깨져버린 지 오래다. 물론 그 '불안'의 원인은 그 모습을 달리하며 확장하고 있는 자본주의에서 찾아야 마땅하다. 자본주의는 인간의 삶을 참으로 많이 변모시키고 있다. 두말할 것 없이 현대인들이 느끼는 '불안'의 뿌리는 자본주의가 주는 압박 때문에 생겨난 것이 대부분이다. 여기에 더해 국가나 사회 공동체가 개인들을 지켜주지 못한다는 인식도 인간의 불안을 더욱 가중시키는 요인이 된다.

어떻게든 혼자서 살아남는 것이 현대인들에게 부여된 지상과제이다. 먹고 살기 바쁜 현대인들에게 다른 사람의 삶은 관심 밖이다. 나 살기도 바쁘고 힘들기 때문에 다른 사람들에게 관심을 가질 여유는 없다. 삶에 지친 사람들은 혼자 있는 것이 편하고, 굳이 타인과의 관계에서 오는 피로감을 감수하려고 하지 않는다. 흔히 볼 수 있는, 혼밥과 혼술, 혼행(혼자여행)의 모습들은 자신에게 집중하는 현대인들의 삶의 단면을 그대로 드러낸다.

자신에게 집중되는 에너지는 자신을 사랑하는 자기애로 발전하기 마련이다. 그러므로 현대인들에게 형성되는 나르시시즘은 필연이다. 그러한 '나르시시즘'적인 현상들은 현대인들을 이해하는 핵심 키워드다. '나르시시즘(Narcissim)'이란 용어는 그리스 신화에 등장하는 청년 나르키소스(Narcissos)로부터 유래한다. 나르키소스는 샘물에 비친 아름다운 자기 모습에 반해 스스로와의 사랑에 빠진다. 그는 숱한 여성들의 구애를 거들떠보지도 않은 채 자신에게만 몰두하다가 결국에는 샘물에 빠져 죽는다. 그가 죽은 자리에 한 송이 꽃이 피어나자, 사람들은 그의 이름을 따서 그 꽃을 나르키소스(수선화)로 부르게 되었다고 한다. 즉, 나르시시즘이란 자기도취에 빠져있다가 파멸을 맞은 사람을 말한다.

프로이트는 인간은 태어나면서 누구나 '자기도취'에 빠지게 마련이지만 성장하여 사회화를 거치는 동안 나르시시즘의 환상에서 빠져나온다고 했다. 나르시시즘이 주는 환각에서 빠져나오지 못하고 여전히 강한 자기애에 갇혀 있는 사람은 건강하게 사회화되지 못한 유아적이고 미성숙한 현대인을 상징한다고 할 수 있다. 이것은 어떤 지점에서 문제를 일으킬까. 나르시시즘은 강한 자기애를 바탕으로 하기 때문에 그 존재를 무시당하거나, 거부당했을 때, 인간은 심한 모멸감을 느끼고, 그것이 발단이 되어 자신과 타인에게 위해를 끼칠 수 있다. 사회학자 김찬호는『모멸감』에서 지금 세계에서 일어나는 범죄들은 인간이 자신의 존재가 인정받지 못한 데서 오는 분노에서 출발한다고 지적했다.

현대인들은 불안하다. 그런데 더욱 안타까운 부분은, 현대인들은 '불안'을 극복하고 넘어서야 할 대상이 아니라, 오히려 그것을 익숙하게 받아들인다는 점이다. 현대인들은 '불안'에 길들여지고 있는 듯하다. 마찬가지로 나르시시즘적인 모습도 현대인에게 깊숙이 박힌 듯하다. 문제는 이러한 현대인들이 점점 늘어나는데도 그것에 대한 사회적 문제의식과 성찰이 부족하다는 점이다.

또 이 문제는 차치하고서라도, 더 크게 지적해야 할 것은, '불안'을 숙명처럼 떠안은 나르시시즘적인 현대인들의 삶의 모습들이 점점 비슷해져 간다는 점이다. 현대인들의 삶의 모습들은 기묘하게 닮아간다. 성격과 관심분야뿐만 아니라 심지어 욕망하는 것도 비슷해진다. 현대인들은 비슷한 음식을 먹고, 비슷한 것을 보고, 비슷한 생각들로 불안해하고 비슷한 것을 욕망한다. 한마디로 현대 인간들의 모습은 쌍둥이처럼 닮아가고 있다. '닮아간다'라는 것은 '차이가 없어진다'라는 것, 다양성이 사라진다는 것을 의미한다.

거대 자본주의 시스템은 다양성을 허락하지 않는다. 돈이 안 되기 때문이다. 획일화시키면 빠르게 자본을 회수할 수 있는 구조가 자본주의의 핵심을 이룬다. 전국 어디에나 있는 편의점과 패스트푸드점에서 우리는 똑같은 음식을 언제든지 사 먹을 수 있다. 레시피가 매뉴얼화 된 고유성을 잃은 음식점들은 체인이 되어 전국에 있는 어느 지점에서나 똑같은 음식을 만들어 손님에게 내놓는다. 천만 관객이 같은 영화를 보고, 비슷한 감동을 받고 극장을 빠져나온다. 남들이 많이 본다는 베스트셀러 류의 책들을 읽으며 현대인들은 다른 사람들과 비슷한 희망을 품고, '비슷해졌다'라는 것에 안도감을 얻는다.

미의 기준도 비슷해진다. 성형외과를 거쳐서 나온 젊은 여성들의 외모는 너무나도 비슷하여 한 번 보면 누가 누구인지 구별이 어려울 정도다. 오히려 이런 상황에서 현대인들이 자신만의 고유한 개성을 살리는 일은 점점 어려워진다. 현대인들은 껍데기부터 속 알맹이, 영혼까지 '비슷해지고 있는 중'이다. 올더 헉슬리가 『멋진 신세계』에서 보여준 기계에서 하나의 방식으로 부화한 같은 모습의 인간들이 우글거리는 계급 세계와 똑같은 모습이 실제로 우리 세계에서 실현되고 있다. 어느 철학자는 "인간은 결국 같은 것들에 의해서 죽을 것"이라고 경고한 바 있다. 다양성이 소멸되는 사회, 인간들 개인의 개성이 상실되는 사회를 두고 과연 좋은 사회라고 말할 수 있을까. 이 모습이 지금 우리가 대면해야 할 현실이고 또 넘어야 할 미래이다.

인문학적 성찰은 이런 동일화되고 획일화되는 것들을 '발견'하는 것에서 시작한다. 차이를 발견하는 일이 중요하다. 인문학의 본령은 '같음'을 거부하고 '다름'을 수용하는 것이다. 손쉽게 똑같아지지 않으려는 노력이 바로 인문학의 핵심 가치이다. 다양성을 발견하고 살리는 일은 먼저, 문학이 제일 잘하는 일이다. 문학은 우리가 알아채지 못한 다양성을 다룬다. 문학은 단 하나라도 '같은 것'을 허락하지 않는다. 소설사에 등장하는 개성 넘치는 인간들의 군상을 보라. 문학책 10권을 읽으면 우리는 10개의 혹은 그보다 더 풍부한 다양성에 눈을 뜨게 되는 것이다.

중요 point

인문학적 성찰은 이런 동일화되고 획일화되는 것들을 '발견'하는 것에서 시작한다. 차이를 발견하는 일이 중요하다. 인문학의 본령은 '같음'을 거부하고 '다름'을 수용하는 것이다. 손쉽게 똑같아지지 않으려는 노력이 바로 인문학의 핵심 가치이다. 다양성을 발견하고 살리는 일은 먼저, 문학이 제일 잘하는 일이다. 문학은 우리가 알아채지 못한 다양성을 다룬다. 문학은 단 하나라도 '같은 것'을 허락하지 않는다. 소설사에 등장하는 개성 넘치는 인간들의 군상을 보라. 문학책 10권을 읽으면 우리는 10개의 혹은 그보다 더 풍부한 다양성에 눈을 뜨게 되는 것이다.

05 현실에 대한 비판을 담은 소설

원로 소설가 A는 신문과의 인터뷰에서 "소설이란 현실에 대한 비판을 담지 않으면 음풍농월과 다를 바 없게 됩니다. 느닷없이 여행을 가고 연애를 하는가 하면 제 아버지와 어머니 자랑이나 하는 어처구니없는 소설들이 너무 많아요. 하긴 독자들이 그런 실없는 소리를 좋아하기 때문이겠죠."라고 말했다. 또 한 명의 원로 소설가로 알려진 B도 어느 매체와의 인터뷰에서 "요즘 나오는 소설들을 나는 잘 모르겠어요. 지금의 젊은 작가들이 소설을 통해 무엇을 말하려고 하는지 알 길이 없어요. 지금은 그저 그들은 보고 있는 중입니다"라는 말을 했다. 요즘 나오는 소설에 대한 이와 같은 원로 작가의 견해는 비단 두 사람만이 가진 생각은 아닌 듯하다. 나는 도서관이나 학교에서 만나는 일반 대중들에게서 요즘 나오는 소설이 무엇을 말하려고 하는지 이해하기 어렵다는 푸념을 자주 듣곤 하기 때문이다.

앞에서 언급한 것처럼, 세상은 급변하고 있고 그에 따라 사람의 생각과 행동도 변하고, 작가들이 인간과 세계를 바라보고 인식하는 방식도 변하고 당연히 그들이 써내는 소설의 문맥도 변한다. 당연한 이치이다. 지금 나오는 소설이 '도대체 무엇을 말하는지 모르겠다'라고 한다면, 소설을 바라보는 방식에서 차이가 났기 때문이 아닐까. 일제 식민지와 한국전쟁, 군사독재와 민주화 항쟁을 경험한 세대들은 지금의 젊은 작가들이 써내는 무기력하고, 자폐적이고, 우울증적인 인물들이 등장하는 소설을 어떤 시각으로 바라봐야 할지 난감한 부분도 있을 것이다.

이전 세대의 작가들은 대체로 거대서사를 주제로 한 소설을 써왔다. 그들이 맞닥뜨린 문제들은 국가의 주권을 지키거나, 민족과 역사의 전통을 찾고, 독재에 맞서 민주주의를 수호하는 일과 같이 큰 뜻을 품은 주체적인 존재들이 소설에 등장한다. 그래서 소설은 뚜렷한 주제 의식이 있고, 사건의 인과적 문법이 뚜렷하며, 인물 행동의 앞뒤 연결의 개연성과 논리를 갖추고 있다. 말하자면, 현실에 대한 비판의식을 담고 현실을 변화시키고자 하는 의지를 담은 소설이라 할 수 있다. 독자들 또한 이러한 소설들을 읽으면서 작가가 제시한 문제의식을 공유하면서 그것을 학습하는 경향이 강했다.

그러나 지금 나오는 소설들은 위와 같은 소설의 구조와 내용을 따르지 않는다. 지금의 소설들은 내용이 인과적으로 연결되지 않으며, 인물이 어떤 정체성을 가지고 살아가는지, 왜 그런 행동을 했는지 알기 어렵고, 소설이 무엇을 말하려고 하는지 단번에 이해하기가 어려운 것이 대부분이다. 현실에 대한 비판 내용을 담지 않은 소설도 많으며, '이래야 한다.'라는 기준이나 방식, 경계 자체를 허물어뜨리는 소설이 많이 등장한다. 이는 앞 장에서도 지적한 바 있지만, 세계가 인간을 변모시키면서 생긴 문제들과 그로 인해 사회적 공동체성은 약해지고, 개인의 자아상은 강해지는 시대 상황과 맞물려 있다는 점에서 그 원인을 짐작해 볼 수 있다. 소설은 이렇게 시대와 함께 변화하며, 그 속에서 변모되는 인간상을 반영한다.

소설에서의 모습이 지금 우리의 모습이라고 보면 지금의 소설을 이해하는 데 도움이 된다. 지금의 소설은 이제 거대 서사를 말하지 않는다(못한다). 국가와 역사, 독재 등과 같은 사회의 문제로 개인들이 저항하는 시대는 지나갔고, 이제 사람들은 바깥 세계의 문제보다는 '그 자신'이 가진 문제에 관심이 많다. 그러니 국가와 민족, 해방과 같은 거대한 주제 의식을 담은 소설을 주로 써왔던 원로 소설가들은 지금의 소설가들이 써내는 글은 그저 자폐적이고 신경증적인 이야기, 흥미 위주의 소설이라 생각할 수도 있다. 이것을 두고 어떤 연구자들은 이 시대의 소설들이 수준이 낮고, 허접하며, 그래서 그런 쓰레기 같은 소설들을 연구할만한 가치가 있느냐고 목소리를 높인다.

그러나 나는 좀 다른 견해를 가지고 있다. 최근 소설들이 시대와 역사, 사회 전체의 구조적 문제를 거시적으로 문제 삼지 않는다고 해서, 소설의 수준이 떨어졌다고 보기는 어렵다. 소설이 가지는 수준을 문제 삼는 것은 무의미하다. 그것보다는, 시대적으로 왜 그러한 소설이 나오게 되었는지를 살피는 것이 먼저다. 앞뒤 맥락을 살피고, 그 원인을 밝혀내며, 그 속에서 살아가는 인간은 어떠한 모습을 띠는지, 그에 따른 판단과 해석은 무엇이 가능한가를 따져보는 일이 중요하다. 훌륭한 소설이든 흥미 위주의 소설이든 소설은 이 세계를 반영하며, 또 어떤 질문 하나는 반드시 던진다고 생각한다. 이 세계에 대한 비판의식을 담은 소설, 거대한 주제 의식을 담은 소설만이 훌륭한 소설이라고 보는 시각은 균형된 시각이 아니다. 소설을 읽어내기 위해서는 현실을 철저하게 탐색해야 하는 이유가 여기에 있다. 소설은 인간의 삶에 밀착하여 그들의 구체적인 삶을 들여다볼 수 있게 한다. '소설을 읽는다'라는 것은 소설의 '안과 밖'을 두루두루 탐사하고 그 시대적 의미를 파악한다는 것과 같다.

06 아름다움에 대한 추구

인간은 예술작품을 보고 언제 아름다움을 느낄까. '아름다움을 느낀다'라는 것은 상당히 주관적일 수 있지만, 어떤 대상을 보고 느끼는 단순한 감정을 두고 '아름답다'라고 말하지는 않을 것 같다. 가령, 어떤 예술작품을 처음 보고 난 후 '멋지다, 예쁘다, 근사하다'와 같은 느낌들이 곧 바로 '아름답다'라고 느끼는 감정은 아니라는 말이다. '아름다움'이라는 것은 이보다 더 깊은 내면의 울림을 경험했을 때 생기는 감정이라 할 수 있다. 소설도 미술이나 음악과 같이 예술의 한 분야이다. 미술은 붓으로 캔버스에 예술을 표현하고, 음악은 악기로 연주를 하듯이, 소설도 언어라는 도구로 예술을 한다. 그렇다면 소설이라는 예술작품을 읽는 독자는 언제 '아름다움'을 느낄까.

소설을 읽고 난 후, 독자에게 일어나는 감정을 따라가 보자. 한 사람이 소설을 읽으면서 느끼는 감정은 **• 공감 • 재미 • 의미**의 순서를 거친다. 먼저 '공감'. 공감이란 어떤 대상에 대해 '나도 그렇다고 느끼는 기분'을 말한다. 예술작품이 구현해 놓은 결과물이 나의 공감을 불러일으켰다는 것은, '나도 그런 경험을 해 봤는데, 나도 그런 기분을 느꼈는데, 내 얘기와 똑같네'와 같은 사실을 확인해 준다. 이런 '공감'의 경험을 통해 사람은 자신이 겪었던 일과 감정을 돌이켜 보면서 당시의 상황을 다시 생각해 보게 되고, 그 공감을 불러일으킨 예술 작품을 긍정적으로 받아들이게 된다. 그리고 그때의 경험이 지금의 나에게 어떤 영향을 미쳤는지, 그때의 행동은 바람직했는지를 생각해 보게 한다. 이렇게 소설에서 주는 '공감'은 읽는 사람의 경험과 관련이 깊다. 그런데 이런 '공감'의 경험은 소설을 통한 '아름다움'을 느끼게 하는 데는 부족한 면이 있다.

다음으로 '재미'. 소설을 읽으면서 느끼는 '재미'는 인식과 관계가 깊다. 인식이란 내가 모르던 것을 새롭게 알게 되는 상황을 가리킨다. 어떤 사물을 판단하여 새로운 것을 알게 될 때, 인간은 지극한 재미를 느낀다. 예컨대, 소설이 표현하는 은유와 상징들이 무엇을 가리키는지 알게 되는 순간이나 그것을 자신이 발견했다는 기쁨은 해당 소설을 무척이나 재미있는 것으로 느끼게 한다. 이것은 일종의 '지적 쾌락'이다. 생각지도 못했던 것을 별안간 알게 되는 즐거움이다. 그것은 대상을 더욱 흥미롭게 만든다. 그렇지만 이런 '재미' 또한 소설 읽기로 인한 '아름다움'을 느끼게 하는 데에는 충분치 않다.

마지막으로 '의미'를 살펴보자. 의미란 예술작품을 감상한 사람이 그것에 어떤 의미가 있는지를 스스로 찾아보는 아주 적극적인 행위이다. 이는 앞서 설명한 소설을 읽고 난 후 느끼는 정서적 '공감'과 인식적 '재미'에 뒤이어 올 수 있다. 독자가 어떤 작품에 '공감'과 '재미'를 느꼈다면, 그 작품은 훌륭한 작품으로 의미화할 가능성이 크다는 뜻이다. 그 마음은 내가 훌륭하다고 느낀 소설을 다른 사람에게 알리고 함께 공유했으면 하는 바람과 같다. 가까운 사람에게 '이 작품을 꼭 봐야 하는 이유'를 설명하고 전달하는 과정은 그 작품에 의미를 부여하는 작업이다. 그것은 감상한 사람이 그 예술작품에 대한 나름의 가치 평가를 내리는 일이기도 하다. 인간은 '의미'에 이르러서야 비로소 예술작품에 대한 아름다움을 느낀다.

내가 감상한 작품에 어떤 '의미'를 부여하면 그것은 완전한 나만의 예술작품이 된다. 이렇게 예술작품에서 어떤 '의미'를 발견하고 그것을 다른 사람에게 권할 수 있으면 독자는 소설을 향유하는 과정에서 어떤 '아름다움'을 느끼게 된다. 해당 작품이 나에게 '의미'가 있으면 그 작품은 아름다운 작품이 되는 것이다. 나는 이것을 '의미화한다'라고 말한다.

같은 맥락으로, 소설가 나보코프는 예술작품에서 만족감을 얻기 위해서는 '설렘을 경험'하는 것이 중요하다고 말한다. 나는 나보코프가 말한 '설렘을 경험'하는 일은 예술 작품에서 아름다움을 찾는 경험과 같다고 생각한다.

"중요한 것은 어느 방면에서든 생각이나 감정의 설렘을 경험하는 것입니다. 설렘을 느끼는 법을 알지 못한다면, 인간의 정신이 내어놓은 예술이라는 귀하고 잘 익은 과일의 맛을 보기 위해 자신을 평소보다 조금 더 높은 곳으로 감아올리는 법을 배우지 못한다면, 인생의 가장 좋은 것을 놓쳐버리기 십상입니다. 영감을 바탕으로 치밀하게 만들어진 예술작품에서 얻을 수 있는 순수한 만족감을 느끼는 데 문학 작품들이 도움이 될지 모릅니다. 그리고 이 만족감이 바탕이 돼서 더욱 진정한 정신적 편안함이 구축될 것입니다. 사람이 살다 보면 온갖 실수를 저지르게 마련이지만, 그래도 삶의 내면은 또한 영감과 치밀함의 구역이기도 하다는 사실을 깨달았을 때 느껴지는 편안함과 비슷한 편안함입니다."

- 블라디미르 나보코프, <나보코프 문학 강의>

살아가면서 '아름다움을 느끼는 순간'이 많다는 것은 무엇을 말할까. 예술작품을 감상하면서 인간의 삶은 충만해지고 삶의 층위는 더욱 두터워질 것이다. 인간의 내면은 그 경험들로 단단해지리라는 것을 나는 절대적으로 믿는다. 말할 것도 없이 '아름다움'에 대한 경험의 양이 그 사람의 눈빛을 더욱 그윽하게 할 것이다.

07 인간을 상상하는 일

• 상상(想像)이란 '실제로 경험하지 않은 현상이나 사물을 마음속으로 그려보는 것'을 말한다. 그렇다면 '인간을 상상'하는 일이란 무엇일까. 나는 그것이 '인간의 내면의 풍경'을 자세히 들여다보는 일이라고 생각한다. 말하자면, 한 사람이 어떤 일에 대하여 무엇을 느끼고 어떻게 생각하고 행동하는지에 대한 상(想)을 떠올려 보는 일이다. 인간을 상상한다는 것은 인간이 어떤 마음을 먹을 수 있는지, 어떤 행동을 할 수 있는지를 그려보는 일이다. 인간의 내면 상태를 미루어 짐작해 보는 일은 소설이 제일 잘하는 일이다. 우리는 소설을 읽으면서 타인의 마음에 들어갔다 나올 수 있고 나아가 한 인간에 대한 깊은 이해에 도달할 수 있다. 인간을 이해하기 위해서는 인간을 상상하는 일이 필요한 이유다.

황정은의 소설 「복경」은 한 인간을 상상하는 과정을 보여준다. 백화점 침구류 매장에서 판매 사원으로 일하는 '나'는 "항상 웃는 사람"으로 통한다. 옆 매장에서 일하는 동료가 "왜 그렇게 계속해서 웃느냐"고 핀잔을 줄 정도이다. 직업이 직업인만큼 '나'에게 강조되는 것은 친절이다. 그래서 그녀는 손님을 보면 자동으로 생긋 웃는 연습을 했다. 오랜 세월을 그렇게 했더니 이제 '나'는 어떠한 일에도 웃는, 만성적으로 웃는 사람이 되어버렸다. 그렇게 '나'는 웃고 싶지 않아도 웃는 사람이 되어 버렸다.

그러다 사달이 일어났다. 매장에서 침구류를 사간 손님이 돈을 환불받겠다고 찾아왔을 때였다. 누가 봐도 사용한 흔적이 있는 이불을 들고 온 손님이 막무가내로 환불을 요구했고, 절차에 따라 환불을 해주던 과정에서 '나'는 이불이 담긴 커다란 쇼핑백으로 고객의 정강이를 치는 실수를 하게 된다. '나'는 재빠르게 사과를 했다. 하지만 손님은 불같이 화를 내며 길길이 날뛰었다. '나'가 웃으면서 사과를 했기 때문이다.

"나는 사과했습니다. 웃으면서요. 이상한 일은 아니었습니다. 항상 웃으니까. 매일 웃고 있으니까. 곤란하고 불편할 때 나는 항상 웃고는 했으니까. 아니면 뭘 할까요? 어떻게 할까? 울까? 그냥 울어? 곤란하고 불편하니까? 웃는 수밖에 없잖아. 웃으면서, 죄송하다고 할 수밖에. 그러니까 죄송하다고, 웃으면서 죄송하다고 말하자 그들은 지금 웃냐고 묻기 시작했습니다. 웃어? 왜 웃어? 너 왜 웃어? 웃기냐? 우습냐? 우스워 이 상황이? 내가 웃겨?"

- 황정은, 「복경」

'나'로서는 어쩔 도리가 없는 일이었다. '나'는 슬펐다. 그러면서도 입꼬리는 올라가 있었다. 소설은 이 '어쩔 수 없는 웃음'을 '웃늠'이라고 새롭게 이름 붙인다. '웃늠'은 '웃어도 웃는 게 아닌 웃음'으로 사람들이 잘 알지 못하는 웃음의 한 형태이다. 그래서 누구도 그 '웃늠'을 주목하지 않는다. 그러니 당연히 '왜 그러한 웃음이 나왔느냐'는 질문도 하지 않는다. 이렇게 '웃늠'에는 삶에서 오는 고단함과 비참함이 어려 있다.

소설은 이렇게 '웃늠'이라는 영역을 발견해내고 인물을 통해 그것을 느끼는 인간의 내면을 상상해 낸다. 그리고 '나'가 왜 그렇게 웃을 수밖에 없는지를 설명한다. 그 '웃늠'을 불러내어 보여주며 그것이 무엇인지 우리가 상상할 수 있게 도와준다. 소설은 웃음과 '웃늠'사이를 비집고 들어가 그곳에서 포착한 장면들을 그대로 살려내 보여준다. 나아가 이런 '웃늠'을 우리가 알아야 하지 않겠느냐고 말한다. 웃음과 '웃늠'은 다르다고 말이다.

자신이 알지 못하는 타인의 고통을 마음에 그려보는 것도 상상력에 들어간다. 사람들이 상상하지 못한 타인의 고통은 이해받지 못할 것이고, 이해받지 못한 고통은 비참하고 슬프다. 이 세상에 누구도 내면의 고통으로부터 비껴나 있는 사람은 없을 것이다. 그러므로 인간을 상상하는 일은 나와 타인의 고통과 슬픔 앞에 서보겠다는 태도이며, 그것을 이해해보겠다는 의사 표명이다. 상상력이 부족하다는 말은 바로 자신과 타인의 고통에 무관심한 태도라고 말할 수 있을까.

08 인간의 실존을 탐구하는 소설

• 소설이 하는 일 중에 가장 중요한 하나는 '인간을 탐구'하는 일일 것이다. 소설이 탐구하는 인간의 유형은 우리 주변에서 흔하게 볼 수 있는 인간뿐만이 아니라, 현실에서는 보기 어려운 혹은 존재하지 않는 인간까지를 포함한다. 현실에서는 없지만, 충분히 있을 법한 인간의 유형을 탐구하는 데에 소설은 관심이 많다. 말하자면 소설은 현실의 인간과 상상해낸 인간을 두루 탐사하는 일을 한다. 소설가 밀란 쿤데라는 이와 같은 소설의 기능을 '인간의 실존을 탐구한다'라고 했으며, '인간의 실존을 탐구한다'라는 것은 인간이 어디까지 느끼고, 생각하고 행동할 수 있는가에 대한 '인간 가능성의 영역'에 대한 탐구라고 했다. 이를 위해 소설가는 현실에서 잘 볼 수 없는 인간의 한 유형을 창조해낸다. 그리고 그 인물을 소설이라는 공간에서 살아보게 한다. 그리고 인간에 대한 탐색이 시작된다.

"소설은 무엇인가를 이해해야 합니다. 역사가는 실제로 일어났던 일들을 이야기하지요. 반대로 라스콜리니코프의 범죄는 실제로 일어났던 일은 아닙니다. 소설은 실제를 탐색하는 것이 아니라 실존을 탐색하는 겁니다. 그런데 실존이란 실제 일어난 것이 아니고 인간의 가능성의 영역이지요. 인간이 될 수 있는 모든 것, 그가 할 수 있는 모든 것입니다. 소설가들은 인간의 이러저러한 가능성들을 찾아내 실존의 지도를 그리는 것이죠. (…) 소설들은 실존의 가능성을 포착하고 있고 그렇게 함으로써 우리로 하여금 우리가 누구인가를 보게 하고 우리가 무엇을 할 수 있는가를 알게 해주니까요."

- 소설가, 밀란 쿤데라

도스토예프스키는 『죄와벌』에서 법대에 다니는 라스콜리니코프라는 인물을 통해 공리주의적 인간관을 실험한다. 라스콜리니코프는 평소 악행을 일삼던 전당포 노파를 살해할 계획을 세우고 실천에 옮긴다. 그에게는 이 세상에 아무런 쓸모가 없는 전당포 노파를 죽여서 그의 돈을 가져다가 가난하고 선량한 사람 여럿을 도와준다면, 결과적으로 이 세상이 더 좋은 세상이 될 것이라는 확신이 있다. 이런 엄청난 일을 정말로 실행에 옮긴다면 그 사람은 비범한 사람일 것이라는 믿음이 있다. 나폴레옹이 전쟁에서 수많은 사람을 죽이고도 어떠한 죄책감도 느끼지 않은 것처럼 말이다. 비범한 사람에게는 사람을 죽이는 것이 허용된다는 생각이 라스콜리니코프를 지배하면서, 자신이 평범한 사람이 아닌 비범한 사람임을 증명하는 길은 이 노파를 살해하는 것이라 판단하고 이를 확인하려 든다. 그리고 라스콜리니코프는 정말로 노파를 도끼로 죽이는 일을 감행한다.

결과는 어땠을까? 라스콜리니코프는 자신의 예상과 달리 노파를 죽이고 난 후, 말할 수 없는 불안과 두려움에 휩싸이게 된다. 다른 어떤 일도 할 수 없었으며, 불안에 떨면서 하루하루를 보낸다. 이렇게 죄를 지은 인간을 누가 무엇으로 구원할 수 있는가를 소설은 진지하게 묻고 있다. 소설은 인간이 가닿지 못한 영역에 발을 내디디면서 나아간다. 라스콜리니코프가 계획하고 예상했던, 사람을 죽이는 일을 감행하고 그 뒤에 있을 인간 내면의 상태를 따라가 본다. 이것이 바로 소설이 '인간의 실존을 탐구한다'라는 말의 의미이다.

09 진실에 다가가는 말들

● "실패는 성공의 어머니다."
"열심히 살면 언젠가는 좋은 날이 올 거야."
"절망이 있어야 희망도 있는 법이다."

위와 같은 세상의 '흔한 말'을 나는 좋아하지 않는다. '진실'이 아니기 때문이다. 우리는 이미 알고 있다. 그 '흔한 말'들은 그저 듣기 좋은 말들이라는 것을. 실패의 경험이 반드시 성공을 보장하는 것이 아니며, 열심히 살아도 미래는 불안하며, 절망이 희망을 보장하지 않는다는 것을. 이 세상은 성공한 사람의 실패와 절망에만 의미를 둔다. 결과가 좋아야 고생했던 과거도 빛을 발하는 것이다.

그럼에도 우리는 '희망이 가득 담긴 말들'을 좋아하고 거기에 마음을 연다. '진실'이 무엇이냐는 중요하지 않다. 내 마음을 움직이는 말은 '내가 듣고 싶어 하는 말'인 것이다. 소설가 윌 스토는 《이야기의 탄생》에서 이렇게 말한다. "사람은 어떤 '사실'이 자신을 영웅으로 여기는 자아 감각을 뒷받침해 주면 그것이 진실이든 아니든 덜컥 믿어버린다. 반대로 영웅의 자아 감각을 지지하지 않는 사실이라면 우리의 마음은 교묘히 그 사실을 부정할 방법을 찾는다. 아무리 똑똑한 사람이라고 해도 다르지 않다." 다시 말해, 인간은 자신이 원하고, 자신에게 필요한 이야기만을 '진실'로 믿어버린다는 뜻이다.

'좋은 문학'은 이런 '흔한 말'에는 관심이 적다. 오히려 대개의 '좋은 문학'은 이와는 다른 방식으로 '진실'에 접근한다. 우리가 듣고 싶어 하는 말이 아닌, '듣기 싫은 말', '들으면 불편한 말'을 들려줌으로써 비로소 '진실'에 다가가려고 노력한다. 그렇다면, 문학은 어떻게 '진실'에 다가가려고 애쓰는가.

성석제의 소설 《투명인간》의 주인공 만수는 평생 가족을 위해 희생하는 인물이다. 그의 삶은 처음부터 끝까지 온통 고난의 연속이다. 사는 내내 보통 사람은 경험해보지 못한 엄청난 고생을 한다. 공사장 막노동, 공장 잡일, 주유소 알바 등으로 그는 아침부터 밤까지 일을 손에서 놓지 못한다. 그렇게 해서 번 돈은 모두 가족을 위해 쓴다. 연탄가스를 마셔서 바보가 된 누이를 돌보고, 동생이 청춘 시절 밖에서 낳아 데리고 온 아이를 자신 아들로 삼아 정성을 다해 키운다. 너무도 험난한 그의 고생길을 따라가다 보면 소설을 계속 읽기가 힘들 정도다. 만수의 고생은 죽는 순간까지 계속된다. 열심히 일하며 살았지만 어떤 보람도 보상도 없다. 그야말로 태어나서 '고생만 죽도록 하다가 죽어버린 인물'인 것이다. 이 소설을 읽는 독자는 위안을 얻기는커녕 희망의 지푸라기도 잡아볼 수 없다. 소설을 읽으면 우울해질 뿐이다. 작가 성석제는 작가의 말에서 이렇게 말한다. "소설은 위안을 줄 수 없다. 함께 있다고 말할 수 있을 뿐, 우리는 함께 존재하고 있다고 써서 보여줄 뿐." 소설은 거짓 위안을 주는 것이 아니라 현실을 직시하게 하고 그 속에서 무엇을 견뎌야 하는지, 그 아픈 진실을 말한다.

이렇게 문학은 '달콤한 말들의 둑'을 무너뜨린다. 무너진 벽 너머의 세계에서 '진실'이 제 모습을 드러낸다. 그리고 그 폐허 속의 현실로 걸어 들어가 본 것을 있는 그대로 전달한다. 우리의 삶이 얼마나 힘들고 팍팍한지를 절감하게 한다. 거기에서 드러나는 것이 삶의 '진실'일 것임은 두말할 나위가 없다. 그리고 그곳에 나와 당신이 함께 서 있다고, 당신은 혼자가 아니라고, 그제야 위로를 한다. '진짜 위로'란 이런 것이 아닐까. 우리에게 문학이 필요한 이유는 '가짜 진실'과 '진짜 진실'이 무엇인지 가려내는 눈을 기르기 위한 것이 아닐까.

중요 point

이렇게 문학은 '달콤한 말들의 둑'을 무너뜨린다. 무너진 벽 너머의 세계에서 '진실'이 제 모습을 드러낸다. 그리고 그 폐허 속의 현실로 걸어 들어가 본 것을 있는 그대로 전달한다. 우리의 삶이 얼마나 힘들고 팍팍한지를 절감하게 한다. 거기에서 드러나는 것이 삶의 '진실'일 것임은 두말할 나위가 없다. 그리고 그곳에 나와 당신이 함께 서 있다고, 당신은 혼자가 아니라고, 그제야 위로를 한다. '진짜 위로'란 이런 것이 아닐까. 우리에게 문학이 필요한 이유는 '가짜 진실'과 '진짜 진실'이 무엇인지 가려내는 눈을 기르기 위한 것이 아닐까.

10 소설은 판단이 정지된 땅

• 소설을 읽는 독자들이 흔히 하는 실수 중 하나는 인물들이 한 행동에 대해 '이분법적인 가치 판단'을 한다는 데에 있다. 독자들은 소설 속 인물이 한 행동을 두고 선과 악, 혹은 착한 사람과 나쁜 사람, 훌륭한 사람과 못난 사람 등과 같이 그 인물에 대한 어떠한 판단을 내리려고 한다. 그리고 이어지는 결론은 "우리는 선을 베풀며, 착하고, 훌륭한 삶을 살아야 한다"와 같은 교훈적 의미로 모아진다. 물론 소설에서 얻는 교훈적 의미가 나쁘다는 의미는 아니다. 소설에서 인물을 평가한다는 것의 유효하지 않음을 말하려고 하는 것이다.

한 가지 예를 들어보기로 하자. 정유정의 소설 『종의기원』은 청년 유진이 살인자가 되어가는 과정을 그린 '악인의 탄생기'이다. 유진은 어릴 적 병원에서 사이코패스 중에서도 상위 1퍼센트에 속하는 '프레데터'라 불리는 '순수 악인'이라는 진단을 받았다. 이후 유진은 일면식도 없는 여성을 죽이고, 진한 우정을 나누던 친구를 죽음에 이르게 하고, 급기야 엄마, 이모까지 살해한다. 독자들이 『종의기원』을 읽고 사이코 패스 유진을 바라보는 시선은 당연히 곱지 않다. 그 이유는 유진이 저지른 반인륜적인 살인 행위 때문이다. 독자들은 유진을 "아무 이유 없이 선량한 사람을 죽이고, 정성을 들여 자신을 돌봐준 엄마와 이모를 죽인 살인마, 절대 악인"으로 읽는다. 유진이 한 행위만을 두고 그 인물을 판단하고 평가하는 것이다.

그런데 가만히 따져보면, 유진이 '악인'인가, 아닌가의 문제는 소설 읽기의 중요한 부분이 아니다. 작가 정유정이 『종의기원』을 쓴 이유가 고작 유진을 '죄의 심판대'에 세워 그 죄상을 낱낱이 밝혀 고발하고 벌을 받게 하기 위한 것은 아니었을 테니까 말이다. 그런 이유라면 살인 행위와 관련된 신문기사나, 법원 판례를 보면 충족될 수 있는 문제이다. 소설 읽기에서 놓치지 말아야 할 지점은 유진의 행동에 대한 도덕적 잣대를 들이대기 이전에 '유진이 왜 그런 잔인한 살인 행각을 멈추지 않았는지, 그 악마성은 어떠한 계기로 촉발되었는지'를 먼저 따져보는 것이다. 도덕적 판단은 그다음에 해도 늦지 않다. 유진이 엄마와 이모를 잔인하게 죽였다는 행동의 결과만을 따져서, "저런 인물은 이 사회에서 다시는 발을 딛지 못하도록 감옥에 보내 격리시켜야 한다"라는 식의 읽기와 해석은 인간을 탐구하는 데에 아무런 도움이 되지 못한다.

그렇다면, 소설을 꼼꼼히 읽어보자. 먼저 작가가 한 말을 들어보자, 정유정은 작가의 말에서 "인간은 살인으로 진화했다"라고 썼다. 작가가 제시한 이 한 문장은 소설을 관류하는 메시지를 담고 있다. 왜냐하면 "인간은 살인으로 진화했다"라고 한다면 우리가 살인자 유진을 바라보고, 이해하는 관점이 완전히 달라질 수 있기 때문이다. 이 책을 읽고 사람들이 불편함을 느끼는 이유는 바로 유진이 일면식도 없는 사람을 잔인하게 죽이고도 죄의식을 느끼지 못한다는 것이고, 자신을 돌봐준 엄마를 죽이고도 죄책감을 느끼지 못한다는, 인간이 가지는 보편적인 도덕적 기준과 관련이 있다.

『종의기원』에서 유진은 악인으로 묘사된다. 그렇다면, 먼저 '악이란 무엇인가'라는 개념부터 짚어보자. 사전적 의미로 악이란 "도덕적 기준에 어긋난 나쁜 행위"이다. 여기서 '도덕'이라는 말은 공동체에서 생겨난 개념으로 이해할 수 있다. 인류는 무리를 지어 살기 시작하면서 공동체가 만들어졌고, 사람들은 공동체를 형성하고 질서를 유지하기 위해 어떠한 규칙이나 규범을 만들어 냈다. '도덕적 기준'은 이러한 규칙이나 규범에 해당하는 것이다. 그 행동 기준은 공동체마다 다를 수 있다. 우리 사회는 바퀴벌레를 죽이는 것은 공동체의 '도덕적 기준'에서 어긋나는 것이 아니기 때문에 바퀴벌레를 아무리 많이 죽여도 아무런 문제가 되지 않는다. 그러나 고양이나 개를 죽이는 행동은 공동체의 '도덕적 기준'에 어긋나는 행동으로 해서는 안 되는 일이다. 마찬가지로 유진의 살인 행위는 우리 사회의 '도덕적 기준'에 맞지 않는 행동이므로 사람들에게 지탄을 받거나 처벌을 받아야 하는 것이 된다.

그렇다면, 이렇게 생각해 볼 수도 있다. 공동체가 만들어지기 이전의 세계 즉, 인간이 사회화되기 이전의 세계에서 인간은 어떠한 특성을 가지고 있었을까? 그 세계는 규범과 규칙에서 자유로운 동물적 습성을 강하게 지닌 인간들의 세계였을 것이다. 정유정은 바로 이 공동체가 형성되기 이전의 세계에서 인간은 본능적으로 살아남기 위해서 '살인'을 했다는 것을 분명하게 인식시키고 있다. 인간은 사회화되면서 이성의 힘으로 더 이상 '살인'을 저지르지 않게 되었다. 왜냐고? 살인은 공동체에서 용납하지 않는 행위로 만약 이러한 룰을 어겼을 경우 처벌받을 수 있기 때문이다. 하지만 인간이 사회화되는 과정을 거쳤다고 해서 인간이 가진 본능, 즉 생존을 위해 살인을 저지르는 유전자가 아예 없어졌다는 것을 의미하지는 않는다. 인간은 누구나 동물적 본능을 가지고 있다. 다만, 이성이 동물적 본능을 조절하고 통제해서 인간은 공동체 사회에서 조화롭게 살아갈 수 있는 것이다. 다시 말해, 인간은 이성의 힘을 발휘하여 도덕의 범주를 넘어서는 행동을 하지 않게 자신을 통제하고 조절할 수도 있지만, 자신이 위험에 처했을 때는 상대를 공격하는 동물적 본능 또한 간직하고 있는 존재이기도 한 것이다.

유진은 동물적 본능이 강한 인물로 태어났다. 유진은 바로 동물적 본능 즉, 살인의 유전자를 사회화된 인간들보다 더 많이 간직한 인물로 형상화되고 있다. 그렇다면, 인간은 '언제 살인을 저지르는가?' 바로 생명의 위협을 느꼈을 때이다. 유진은 동물적 본능을 이성으로 자신을 통제할 수 있는 힘보다 더 강하게 간직한 채 태어난 인물이다. 따라서 유진은 생존을 위해서 자신을 위협하는 존재를 바로 공격할 수 있다. 소설에서 유진의 동물적 본능을 억압하는 인물은 엄마와 이모이다. 그녀들은 유진의 이러한 공격적이고 잔인한 기질을 정신병으로 진단하고 꾸준히 유진에게 약물을 주입한다. 이 약물은 유진의 동물적 본능을 억누르고 그에 따라 감정을 폭발하게 한다. 말하자면, 유진은 약물을 먹으면서 더욱 살인 충동을 느낀다. 이처럼 유진의 살인 행위는 이성의 힘으로는 어쩌지 못하는 동물적 본능의 범주에서 일어난 일이었다. 동물적 본능까지 이성의 힘으로 지배할 수 있어야 한다는 문제는 사람마다 의견이 다르겠지만, 인간이 가진 이성의 힘이 어느 정도까지 제 능력을 발휘하는지, 그 한계는 어디까지인지는 아직 확실하게 밝혀지지 않았다.

우리가 철석같이 믿고 있는 인간이 가진 이성은 인간의 동물적 본능을 제압할 수 있는가. 인간은 정말로 끝까지 이성적일 수 있는 존재인가, 라는 질문을 정유정은 던지고 있다. 정유정은 이러한 문제의식을 유진이라는 인물을 통해 소설 속에서 실제로 실험해 본 것이다. 소설에서 유진은 여러 차례의 살인을 저질렀음에도 처벌받지 않았고, 다시 현실의 삶으로 돌아와 살아갈 것을 예고하면서 소설은 끝이 난다. 소설은 끝났지만, 독자의 역할은 이제부터 시작일 것이다.

정유정이 독자에게 던지는 질문은 이것이다. 유진은 돌아왔다. 앞으로 우리와 함께 살아갈 것이다. 그는 나의 주변에 가까운 그 누구일 수도 있다. 그렇다면, 우리 사회에서 유진과 같은 인물을 우리는 어떠한 시선으로 바라보고 대처해야 할까, 유진과 같은 인물을 억압하고 처벌하는 것만이 문제를 해결하는 방법일까, 도덕적 범주를 넘어서는 위험한 인물에 대한 처벌은 어디까지가 유효할까, 와 같은 단번에 해결하기 어려운 문제들이다.

그러므로, 『종의기원』을 읽고 유진이 나쁜 인간인가, 아닌가를 따지는 일은 그렇게 중요한 문제가 아니다. 소설을 읽을 때 인물의 행동에 대해 도덕적, 윤리적 잣대를 들이대고, 그것의 '선과 악'을 규정하고 그 사람이 좋은 사람인지, 나쁜 사람인지를 판단하는 일은 어떤 한 사람을 두고, 그 사람이 '잘생겼는지, 못생겼는지'를 따지는 것만큼이나 쓸데없는 일이다. 그러므로 밀란 쿤데라가 한 "소설은 판단이 정지된 땅이다"라는 말은 소설 읽기에서 언제나 유효하다. 우리는 소설을 읽을 때 도덕적 가치 판단을 넘어 '한 인간에 대한 폭넓은 이해'로 나아가야 한다. '판단'은 간단하고 쉽지만, '이해'는 어렵다. 소설을 통해 우리가 '한 인간에 대해 얼마나 깊고 넓은 이해에 도달했는가'라는 것이 소설 읽기에서 놓쳐서는 안 될 중요 지점이라 할 수 있겠다. 바로 이러한 '이해의 지평'을 하나씩 넓혀 가는 것이 진정한 인문학적 사유라 할 만하다. 끊임없이 그러한 '이해'의 지점들을 넘나들 때 인간은 성장한다.

중요 point

그러므로, 『종의기원』을 읽고 유진이 나쁜 인간인가, 아닌가를 따지는 일은 그렇게 중요한 문제가 아니다. 소설을 읽을 때 인물의 행동에 대해 도덕적, 윤리적 잣대를 들이대고, 그것의 '선과 악'을 규정하고 그 사람이 좋은 사람인지, 나쁜 사람인지를 판단하는 일은 어떤 한 사람을 두고, 그 사람이 '잘 생겼는지, 못생겼는지'를 따지는 것만큼이나 쓸데없는 일이다. 그러므로 밀란 쿤데라가 한 "소설은 판단이 정지된 땅이다" 라는 말은 소설 읽기에서 언제나 유효하다. 우리는 소설을 읽을 때 도덕적 가치판단을 넘어 '한 인간에 대한 폭넓은 이해'로 나아가야 한다. '판단'은 간단하고 쉽지만, '이해'는 어렵다. 소설을 통해 우리가 '한 인간에 대해 얼마나 깊고 넓은 이해에 도달했는가'라는 것이 소설 읽기에서 놓쳐서는 안 될 중요 지점이라 할 수 있겠다. 바로 이러한 '이해의 지평'을 하나씩 넓혀 가는 것이 진정한 인문학적 사유라 할 만하다. 끊임없이 그러한 '이해'의 지점들을 넘나들 때 인간은 성장한다.

소설 재미있게 읽는 법

01. 무엇보다 사고력

02. 문학이 사람을 바꿀 수 있을까

03. 타인의 마음을 얻는 능력

04. 인간에 대한 끈질긴 탐색

05. 삶의 리허설

06. 자기 객관화의 능력

07. 언제나 실패하는 우리의 이해

08. 인생에서 허무를 건너는 방법

09. 불가능에 대한 상상

2장.

소설을 읽으면 무엇이 좋은가

01 무엇보다 사고력

● 오랫동안 한국에 거주하고 있는 임마누엘 페스트라이쉬 경희대 교수는 '한국인보다 한국을 더 잘 아는 외국인'으로 통한다. 그가 한국 사람들을 보면서 이해하기 어려웠던 점 중에 하나는 "한국인은 왜 '독립적 사고'를 못 하는가"에 대한 의문이었다고 한다. 그는 한 매체와의 인터뷰에서 "서울에는 훌륭한 고등교육을 받은 뛰어난 지식과 식견을 갖춘 사람들이 차고 넘쳐나는 데 그럼에도 왜 한국은 국제이슈에 관해 자국만의 비전과 시각을 제시하지 못하는가?, 왜 한국의 지식인들은 외국 전문가들이 쓴 글을 해석하고 받아들이는 데에만 온 힘을 쏟는가?"라고 지적한다. 이어지는 임마누엘 페스트라이쉬 교수의 진단은 우리가 가진 문제가 무엇인지 여실히 보여준다. 그는 한국인들이 '독립적으로 사고하고 행동하지 못하는 이유'를 "서글픈 수동성"에서 찾는다. 오랜 식민지배의 영향으로 지식 집단은 독

립적으로 생각하는 방법을 잘 배우지 못했고, 미국과 같은 강대국을 과도하게 존중하는 태도가 생겨났으며, 또한 분단국가가 만들어 낸 두 개의 상존하는 이데올로기 체제로 인해 이분법적으로 사고하는 습관이 있다는 것이다. 이는 외부적 영향으로 인해 제대로 사고하는 힘을 갖추지 못한 현재 한국 사람들의 상황을 말해준다.

돌이켜보면 그동안 한국 사람들은 정말 치열하게 살아왔고, 그것은 지금도 다르지 않다. 숨 막히게 돌아가는 이 세계에서 살아남으려고 안간힘을 쓰면서 버텨왔다. 그 결과 한국은 2021년 현재 세계 10위의 경제 대국으로 부상할 수 있었다. 그러나 그 속에서 살아가는 한국 사람들의 삶은 만만치 않다. 극심한 경쟁과 갈수록 벌어지는 양극화, 불평등의 문제 속에서 한국 사람들의 삶은 너무나 고달프다. 여기 어디에 능동적으로 사고할 수 있는 기회가 끼어들 수 있었겠는가. 경쟁적인 삶은 우리에게 생각할 틈을 제공하지 않았고, 그리하여 우리는 삶에서 스스로 사고할 수 있는 힘을 박탈당했다. 하지만, 이러한 상황이 앞으로도 계속되리라는 법은 없다. 난 한국인들이 가진 스스로를 변화시킬 수 있는 잠재력을 믿는다. 일상에 쫓기는 의미 없는 삶의 반복이라 할지라도, 힘을 모아 부패한 권력을 끌어낸 사람들 또한 한국 사람들이다.

우리를 능동적인 사고(思考)로 이끄는 훌륭한 텍스트 중 하나가 바로 소설이다. 소설은 그 자체가 인간과 세계에 관한 크고 작은 질문을 담고 있다. 사고(思考)는 질문을 전제한다. 생각한다는 것은 어떤 질문에 대한 답을 찾는 여정이다. 독자는 소설이 던진 질문에 대해 자신만의 답을 찾고 혹은 스스로 질문을 만들어 내면서 책을 읽는다. 소설을 읽는 일은 작가가 던진 질문에 독자가 응답하거나 독자가 직접 세상에 질문을 던지는 일이다. 소설을 읽는 일 자체가 '능동적인 사고(思考)'를 훈련하는 방법이며 그에 대해 더 나은 해답을 찾아가는 일이다. 그것은 내가 가진 사고(思考)를 더욱 발전시키고 확장 시키는 일인 것이다. 알랭드 보통은 이러한 소설 읽기의 효용에 대해서 다음과 같이 말한다.

예술작품에는 현재의 상황에 대한 항의가 나타나기 마련이고, 이에 따라 우리의 시각을 교정하고, 아름다움을 인식하도록 교육하고, 고통을 이해하거나 감수성에 다시 불을 붙이도록 돕고, 감정이입 능력을 길러주고, 슬픔이나 웃음을 통하여 도덕적인 균형을 다시 잡아주려고 노력하기 마련이다. 따라서 예술은 "삶의 비평"이다.

- 알랭드 보통, 『불안』

따라서 위의 인용문에서 '예술'은 문학, 소설로 바꾸어도 좋다. 소설은 우리에게 익숙한 감정이나 정서를 그대로 반복해서 전달하는 도구가 아니다. 우리의 삶을 그대로 재현하는 것에 머무르는 소설은 독자에게 공감과 위로를 줄지언정 그 이상의 의미를 이끌어 내지는 못한다. 좋은 소설은 '공감'의 영역을 뛰어넘어, '공감하기 어려운 불가해한 영역'을 다룬다. 그러므로 소설은 '삶의 비평'으로 기능한다. 그것은 현실에서 벌어지는 일들에 반기를 들고 숨겨져 있는 것들을 들추어낸다. 다른 가능성을 열어 보이거나 불가능한 것을 상상하게 하고, 이쪽과 저쪽의 경계를 넘나든다. 독자는 현실과 허구 그 너머의 불가해한 영역 사이를 유영하면서 사유의 지평을 넓혀 간다. 이것이 소설 읽기를 통해 얻을 수 있는 사고력이다. 소설 읽기는 '능동적 사고력'을 형성하게 하고 그 사고력을 기반으로 인간과 사물을 새롭고 다르게 볼 수 있는 관점을 제공하는 것으로 우리의 삶에 영향을 끼친다.

소설이 주는 유익함을 하나 더 언급하면서 글을 마치고자 한다. 석영중은 『뇌를 훔친 소설가』에서 소설을 읽으면 뇌에서 어떤 일이 벌어지는지를 설명한다. 그중에서 뇌의 가소성과 유연성에 대해 언급하자면, "인간은 후천적으로 연습을 하고 자극을 받고 트레이닝을 거침으로써 뇌를 변화시킬 수 있다. 뇌 가소성이란 뉴런들이 스스로 새로운 연결을 만들고 대뇌피질에 새로운 길을 트며 심지어는 새로운 역할을 담당할 수 있는 능력을 의미한다. 즉, 신경 가소성이란 한마디로 말해서 뇌의 '재배선'을 의미한다. 뇌의 재배선이 가능하다면 인간은 무척이나 많은 일에 도전할 수 있다. 뇌 가소성은 21세기 인류에게 과학이 선사하는 가장 큰 희망의 선물이다." 소설을 읽는 일 그 자체가 뇌의 가소성을 높이고 뉴런들을 연결하며 더 나은 뇌로 발전시키는 최고의 훈련법이다. 정리해 보자. '능동적 사고력'이란 스스로 생각할 수 있는 힘을 말하며, 그것은 후천적인 훈련을 통해서 신장시킬 수 있다. 소설을 읽으면 우리의 뇌에서 이런 놀라운 변화가 일어난다.

02 문학이 사람을 바꿀 수 있을까

• "문학이 사람을 바꿀 수 있을까요?"
"문학이 사람을 변화시키지 못한다면 왜 문학을 읽어야 합니까?"

문학 수업을 진행하다 보면 종종 받게 되는 질문이다. 문학을 읽는 행위에 대한 아주 근본적인 질문이 아닐 수 없다. 문학이 좋아 늦은 나이에 대학원 공부를 시작하고, 그것을 '업'으로까지 삼은 나 같은 사람도 이런 질문 앞에 서면 잠시 머뭇거리게 된다. 어쩌면 문학을 읽고 사유하는 행위를 하는 동안, 이 질문은 계속 나를 따라다닐 것이다. 그렇기에 나는 어떻게 해서든지 보잘것없는 답이라도 찾아야만 하는 처지인데, 시종일관 문학에 대한 낙관론을 펼치면서도 이 질문 앞에 서면 그 답이 궁색해지는 이유는 내가 아직

답을 찾지 못하고 있기 때문일 것이다.

그래도 궁색하게나마, 나름의 답변을 정리해 본다. 나 또한 '문학이 사람을 바꾼다'라는 말을 전적으로 믿지 않는다. 하지만 그렇다고 '문학이 사람을 바꾸지 못한다'라는 말도 신뢰하지 않는다. 나는 문학이 그렇게 아무런 가치가 없다고 생각하지 않는다. 문학은 사람을 단번에 바꾸어 버릴 만큼 강력한 힘을 가지지는 못하지만, 개개인의 정신에 어떤 무늬를 놓을 정도의 미약한 힘은 가지고 있다고 생각한다.

또 나는 여기에 덧붙여 이렇게 이야기해 보고 싶다. 문학을 읽는 그 순간, 그 몰입의 순간에 사람은 조금 바뀐다고. 정신이 약간 꿈틀한다고 말이다. 그러니까, '문학을 손에 들고 있는 그 짧은 순간만큼은 그 이전과는 조금 다른 인간이 된다'라고. 그 순간들이 모여 삶의 총합을 이루면 문학은 세상을 바꿀 동력이 된다. 그래서 나는 '늘 문학을 읽고 생각하는 사람'이어야 한다고 농담처럼 말하곤 한다. 사람을 바꾸는 것은 그런 지속성이 있어야 가능하다고 판단하기 때문이다. 어쨌든 문학은 사람을 바꾼다. 아주 서서히.

마사 누스바움은 법대에서 문학을 가르치는 법철학자이다. 그는 법을 다루는 사람들이 왜 문학을 읽고 인간에 대해 사유해야 하는가를 《시적 정의》에서 강조한다. 이 책에서 중요하게 짚는 것 중 하나는 '문학적 상상력'을 키우는 일이다. 누스바움은 문학을 읽고 사유하는 힘을 '공상'하는 능력이라고 말한다. 이 '공상'하는 능력이 우리의 삶을 어떻게 바꾸어 놓는지 구체적으로 설명한다.

마사 누스바움은 수업에서 만난 한 학생을 소개한다. <법과 문학>이라는 수업에서 모리스의 작품을 읽고 토론한 한 학생이 다음과 같은 글을 썼다고 한다.

"《모리스》와 같은 작품을 읽는 것이 한 개인의 생각, 아마 재판관 한 명의 생각을 바꿀 수는 있을 것이다. 하지만 나는 그것이 대부분의 경우에는 그렇지 않을 거라 생각한다. 아마도 그와 같은 많은 작품들이 동성애를 혐오하는 사람들에게 그 혐오의 이유에 대해 스스로 되묻게 할 수는 있을 것이다. 하지만 그것은 편견과 증오의 폭풍에 대항하는 아주 미약한 희망의 보호벽으로밖에 보이지 않는다."

- 마사 누스바움, 《시적 정의》

그러니까 이 학생의 편지 내용은 문학이 '사람의 생각과 행동을 바꾸기는 어렵다'라는 견해이다. 이 글은 나의 문학 수업에서 나온 '문학이 인간을 바꿀 수 있는가?'라는 질문과 같은 문제의식을 공유한다. 이들 모두 문학은 인간을 변화시킬 수 없다는 데에 같은 목소리를 낸다. 누스바움은 이 학생의 의견에 전적으로 동의하면서 문학은 "온갖 고난으로 가득 찬 세상에서 하나의 미약한 힘에 불과"한 것임을 인정한다. 하지만 그럼에도 왜 문학이 필요한지에 대해 답한다. 그것은 '현 상황의 진짜 문제는 문학 자체가 갖는 결함이 아니라, 그것을 충분히 활용하지 못한 인간들의 결함에 있다'라고 설명한다. 문제는 문학 자체에 있는 것이 아니라, 문학을 읽고 사유하는 행위를 하지 않는 인간들에게 있다는 것이다.

"이러한 결함에 대한 해결책은 문학의 부인(否認)에 있는 것이 아니라, 그것의 지속적이고 인간적인 함양에 있으며, 비인간적인 제도를 상상력으로 대체하는 데 있는 것이 아니라 제도를 새롭게 구축하는 데 있고, 나아가 공감 어린 상상력의 통찰을 보다 완벽하게 체화한 제도와 제도적 주체의 정립에 있다. 우리는 개개인의 상상에만 의존할 필요도 없고 또 그래서도 안 된다. 제도 그 자체는 '공상'의 통찰력으로 인도되어야하는 것이다."

- 마사 누스바움, 《시적 정의》

'문학은 사람과 세계를 어떻게 바꾸어 놓는가'라는 질문으로 돌아오자. 문학은 '상상'을 통해 구현되고, 현실은 그 '상상'으로 작동된다. 문학적 상상력으로 우리는 현실을 바꿀 수 있다. 우리의 '상상'은 현실에서 구현된다. 그렇게 현실은 우리가 한 '상상'을 바탕에 두고, 비인간적인 제도는 없애고, 인간적인 제도는 새롭게 구축되는 가능성을 갖게 된다. 이렇게 문학은 상상과 현실을 잇는 가교역할을 한다. 그러한 노력 들이 모이면 이 사회는 조금씩 나아질 것이다. '문학적 상상'이 없는 현실은 생각하기 어렵다. 그렇

기에 누스바움은 "'공상'을 포기하는 것은 스스로를 포기하는 것"이라고 말했다. 이렇게 문학은 인간과 사회 제도를 아주 서서히 바꾸는 데 기여한다. 그 길에 문학이 있다.

03 타인의 마음을 얻는 능력

92년에 발표되어 인기를 끌었던 노영심의 노래 중에서 '별걸 다 기억하는 남자'라는 노래가 있다. 그 가사에는"내 새끼손가락엔 매니큐얼 칠했는지 봉숭아 물을 들였는지, 내가 쌈을 먹을 때 쌈장을 바르고 고기를 얹는지 고기부터 얹고 쌈장을 바르는지를 기억하는 남자"가 나온다. 나는 이 노래를 들으면서 가사가 정말 '문학적'이라는 사실에 새삼 감탄했다. 사랑하는 여자의 사소하고 시시콜콜한 행동들을 눈여겨 봐뒀다가 상황에 맞춰 세심하게 배려해주는 이런 남자를 어떤 여자가 싫다고 할까. 이 남자는 여자의 마음을 얻는 방법을 잘 알고 있는 사랑꾼일 확률이 높다. 여자의 '별걸 다 기억'하면 사랑은 자연스럽게 오게 되니까. 연인의 마음을 얻기 위해 값비싼 선물 공세를 한다거나, 화려한 이벤트를 벌이고도 실패하는 사람이 있다면, 이 노래의 내용을 새겨듣는 건 어떨까.

남녀 사이에서 생기는 사랑뿐 아니라 모든 인간관계에서 '사람의 마음을 얻는 능력'은 그 사람의 작은 행동까지 기억해 두었다가 배려하는 것으로 실천할 수 있겠다. 그것은 '관찰력'에서 나온다. 바로 소설 읽기로 우리가 자연스레 얻게 되는 능력 중 하나가 '타인을 자세히 관찰'하는 시선과 감각이다. 소설은 인간의 내면 심리와 그에 따른 행동을 매우 구체적으로 묘사한다. 독자는 인물이 왜 그러한 행동을 했는지 그 이유를 짐작하고, 이해하며, 상상해보면서 인간에 대한 관찰력을 키울 수 있다. 그것은 인간에 대한 공감 능력을 키우는 일이기도 하다.

"문학 작품을 읽으면 한 삶의 내적 관점에 대해서도 우리의 공감 능력이 성장합니다. 우리는 정신적 정체성의 성공과 실패, 발전에 대해 많은 것을 알게 됩니다. 그리고 자기 결정을 구성하는 것이 무엇인지, 실패하면 어떻게 해서 실패하는 것인지도 알 수 있지요. 문학작품을 읽음으로써 이러한 현상이 어떻게 생성되는지에 대한 이해가 깊어가는 것은 자기 결정을 추구하고, 자신에게 중요한 것이 무엇인지, 어떤 사람이 되고 싶은지 자문하는 사람에게 결정적인 의미를 가집니다. 이러한 질문의 답은 오직 여유로운 가능성의 장 안에서 여러 가지로 입장을 바꿔보는 정신적 활동을 할 때에만 얻을 수 있습니다."

- 피터 비에리, 《자기결정》

또 하나, 세르게이 도블라또프의 소설 『여행가방』에는 이런 대목이 나온다. "나는 누군가에게 돈을 빌릴 때마다, 상대가 거절하기 쉽도록 조금은 거리낌 없는 말투로 말하고는 했다." 이 인물은 돈을 구하러 다닌다. 어떻게 해서든 돈을 마련해야만 하는 절박한 상황에 처한 인간의 마음은 조급하고 불안할 수밖에 없다. 당연히 타인의 입장보다는 자신을 먼저 생각할 수밖에 없을 것이다. 그러나 이 책의 인물은 상대방이 자신의 부탁을 거절했을 때, 어떤 무안함이나 미안함을 느끼지 않도록 일부러 시시껄렁한 말투로 '네가 돈을 안 빌려줘도 괜찮다'라는 태도를 취한다. 거절했을 때, 상대가 느끼는 마음의 짐을 덜어주려는 것이다. 소설은 이렇게 아무리 다급한 상황에 있는 사람에게도 다른 마음의 층위가 있다는 것을 알려준다.

소설을 읽는 일이란 인간이 느낄 수 있는 다양한 감정의 겹들을 하나하나 더듬어 가는 일이다. 급박한 상황에서도 상대를 배려하는 마음을 길러내는 일, 이것이 인간이 마지막 순간까지도 지켜야 할 품격이 아닐까. 내가 다급한 상황이어도 타인을 먼저 생각하는 것은 말처럼 쉬운 일이 아니다. '나 먼저 살고 보자'라는 것이 인간이 가진 보편심리이기 때문이다. 소설을 읽는 이유 중 하나는 앎과 삶을 일치시키기 위한 부단한 노력이라고 생각한다. 이렇게 소설 읽기는 타인을 자세히 관찰하고 배려할 수 있는 공감 능력을 키우는 일이다.

04 인간에 대한 끈질긴 탐색

소설에는 정말로 다양한 인간의 유형들이 살아간다. 우리 주변에서 흔히 접할 수 있는 인물부터, 현실에서는 존재하지 않을 법한 인물까지, 소설의 세계는 그야말로 인간의 유형이 총망라되었다고 보아도 무방하다. 이러한 인물들은 소설가가 설정해 놓은 세계에서 사람들과 관계를 맺으며 살아간다. 그 삶의 과정에서 소설 속 인물들은 좌절하고 패배하고 다시 일어서고, 누군가를 위험에 빠뜨리면서도 다른 한편으로는 불쌍한 사람들을 도와주기도 하고, 모든 수단과 방법을 동원하여 자신의 추악한 목적을 달성하면서도, 한 사람만을 위해 자신의 목숨을 내놓기도 한다. 독자는 소설 속에서 등장하는 이러한 인물들의 행동을 보면서 "이 사람 아주 나쁜사람 인줄 알았더니, 완전히 악인은 아니었네.", "이 사람 좋은 사람인 줄 알았더니, 꼭 그렇지만은 않아. 마음속에 이렇게 추한 탐욕이 있을 줄이야"

라고 생각한다. 말하자면, 소설에서 인물의 내면을 따라가면서 '한 인간'을 오롯이 이해할 수 있게 되는 것이다. 그래서 아무리 나쁜 사람이라 하더라도 완전히 나쁘지는 않다는 것을 알게 되고, 모두의 존경을 받는 훌륭한 사람이라도 완벽하게 좋은 사람은 아닐 수 있다는 것을 알게 된다. 인간이 이렇게 넓은 층위를 가진 존재라는 것을 확인하게 되는 것이다.

"문학 작품을 읽으면 인간이 삶을 이끌어나가는 모습이 얼마나 다를 수 있는가를 알게 됩니다. 문학 작품을 읽기 전에는 미처 생각하지 못했던 지점에 대해 이제 상상력의 반경이 보다 넓어진 것입니다. 이제 더 다양한 삶의 흐름을 상상해볼 수 있게 되었고 더 많은 직업과 사회적 정체성, 인간관계의 다양한 종류를 알게 됩니다."

- 피터 비에리, 《자기결정》

도스토예프스키의 『죄와 벌』은 법대를 다니는 가난한 청년이 전당포 노파를 도끼로 찍어 죽이는 잔인한 사건이 중심 내용을 이룬다. 주인공 라스콜리니코프는 가난한 사람에게 돈을 빌려주고 높은 이자를 받는 노파를 이 세상에 아무런 쓸모도 없는 고약한 사람이라고 판단한다. 그리고 사회에 나쁜 영향만을 끼치는 이(蝨)같은 존재인 노파는 죽어도 괜찮다는 나름의 논리를 세우고 결국 실행으로 옮긴다. 독자라면 라스콜리니코프가 내세운 '살해 이유'에 대해 누구도 손을 들어주지는 않을 것이다. 여기에는 다양한 해석이 나올 수 있지만, 분명하게 말할 수 있는 것은, '타인에게 선한 영향력을 끼치지 못한다'라는 이유가 그 사람의 생명을 빼앗아도 될 근거가 되지는 못한다는 점이다. 어쨌든, 소설에서 라스콜리니코프는 노파를 살해했고, 전당포를 찾은 노파의 동생 리자베타까지 우발적으로 죽이고 전당포를 빠져나온다. 그런데 흥미로운 사실은 『죄와 벌』을 읽는 독자들은 라스콜리니코프를 무조건적으로 '악인'으로 바라보지 않는다는 것이다. 명백히 그는 말도 안 되는 이유를 내세워 잔인하게 한 사람을 죽였고, 아무 죄 없는 동생까지 죽인 살인범이지만 독자들은 한결같이 라스콜리니코프에게 동정 어린 연민의 시선을 보낸다. 심지어 라스콜리니코프의 심정에 공감한다면서, "오죽하면 사람을 잔인하게 죽였겠는가"라며 그를 이해해 주기도 한다.

그렇다면 만약 현실에서 이런 범죄가 발생했다면 어땠을까? 이런 사건을 뉴스로 접한다면 사람들은 극악무도한 '사이코 패스' 범죄가 일어났다며, 범죄자에게 증오의 시선을 보내며 당장 우리 사회에서 격리시켜 감옥에 가둬야 한다는 사회적 공분이 일어났을 것이다. '살인자'는 소설에서는 동정받아 마땅한 사람이 되고 현실에서는 둘도 없는 '악인'이 된다. 물론 소설과 현실을 받아들이는 인식의 차이도 있겠지만, '사람을 잔인하게 죽인 범죄'라는 점에 주목하여 볼 때 사람들이 이렇게 정반대의 태도를 취하는 이유는 무엇일까.

그 이유를 간단하게 짚어보자, 독자들은 『죄와 벌』을 읽으며 라스콜리니코프의 내면 심리를 그대로 충실히 따라왔다. 그 과정에서 라스콜리니코프에게 삐뚤어진 심리가 형성된 이유를 짐작하면서 그를 인간적으로 이해할 수 있었다. 한 인간을 이해하면서, 그 인간이 벌인 행동만을 문제 삼는 것이 아니라, 행동의 앞뒤 맥락과 내면을 샅샅이 탐색하게 된 것이다. 반면에 현실의 사람들은 사건의 결과만을 접하고 한 인간에 대한 판단을 내리게 된 것이다. 전자는 '이해'이고 후자는 '판단'에 방점이 찍힌다.

한 인간을 온전히 이해하는 일은 겉으로 드러난 표면적이고 단편적인 부분으로 가능한 것이 아니라, 그의 생각과 행동을 자세히 들여다봐야 비로소 가능해진다. 이렇게 소설 읽기는 인간과 세계를 바라보는 관점과 태도를 바꾸어 놓는 일이기도 하다. 진정한 인간에 대한 이해는 '과정에 대한 이해'가 수반되어야 한다. 이러한 소설 읽기를 통한 '인간에 대한 끈질긴 탐색'이 우리 사회를 조금 더 나은 세계로 만들 것이라 믿는다.

중요 point

한 인간을 온전히 이해하는 일은 겉으로 드러난 표면적이고 단편적인 부분으로 가능한 것이 아니라, 그의 생각과 행동을 자세히 들여다봐야 비로소 가능해진다. 이렇게 소설 읽기는 인간과 세계를 바라보는 관점과 태도를 바꾸어 놓는 일이기도 하다. 진정한 인간에 대한 이해는 '과정에 대한 이해'가 수반되어야 한다. 이러한 소설 읽기를 통한 '인간에 대한 끈질긴 탐색'이 우리 사회를 조금 더 나은 세계로 만들 것이라 믿는다.

05 삶의 리허설

소설에 등장하는 인물은 하늘의 별만큼 많다. 우리가 그 별을 다 헤아릴 수 없는 것처럼, 인간이라는 존재도 그 유형을 다 헤아릴 수 없을 만큼 많다. 세계는 이렇게 다양한 인간들이 만들어 내는 의미망들 속에서 작동된다. "어떻게 살아야 할까?"를 묻는다면 그 대답은 하늘의 별만큼 다양하다고 말할 수 있다. 인생에 대해 명쾌한 해답은 있을 수 없고, 또 불가능하다. 우리는 보다 나은 해답을 찾기 위해 그저 하루하루를 고투하며 살아갈 뿐이다. 인생에 대한 깨달음은 사는 동안에는 얻기 힘들고, 지나고 난 뒤에야 그것의 의미를 알게 된다. 문제는 지나간 것을 돌릴 수 없다는 데에 있다. 하지만 인생이 두 번이라면, 본 게임에 앞서 미리 한번 살아본다면 어떨까. 배우가 본 공연을 앞두고 하는 리허설은 본 공연의 성패를 좌우한다. 미리 한 번 해보는 것은 본 공연에 대한 마음의 여유를 갖게 하고, 실수를 줄

일 수 있는 훌륭한 연습이기 때문이다.

독자는 소설 속의 다양한 삶의 모습들을 읽으면서 머릿속에서 그 삶을 살아보는 경험을 한다. 이때 소설 읽기는 '삶의 리허설'이 된다. 인생이라는 본 무대에 서기 전에 미리 살아보는 연습을 하는 셈이다. 인간은 누구나 연습 없이 인생이라는 무대 위로 바로 투입된다. 그러나 소설을 집어 드는 독자에게는 연습의 기회가 주어지는 것이다.

비평가 테리 이글턴은 "인간은 스스로에게 물음을 일으키지 않는 존재"라고 말했다. 이 말은 인간은 자신의 삶에 대해서 적당한 '질문'을 던지지 못한다는 의미이기도 하다. 테리 이글던은 "인간은 스스로에게 물음을 일으키지 않고, 스스로 그 물음에 닿아 있는 곳을 찾아 나서지 않으며 그 물음이 다시 자기에게로 향해있음을 피하며 살아간다."라고 했다. 소설은 '삶의 리허설이다'라는 의미는 소설을 통해 내 삶에 과잉된 것은 무엇인지, 부족한 것은 무엇인지, 필요한 것은 무엇인지를 살펴봄으로써 '나는 누구이며 어떻게 살아야 하는가'라는 질문을 스스로에게 던질 줄 안다는 뜻이다. 준비의 시간이 있다면 삶이라는 본 무대는 그만큼 더 잘 살아낼 수 있지 않을까.

소설 읽기는 어떤 세계를 지금은 존재하지 않지만 존재하게 만들어 놓고 미리 한번 살아보는 일이다. 바로 내가 지금 있는 범주를 넘어서는 저기 즉, '너머의 세계'에 대한 상상력을 발휘하는 일이다. 정미경의 소설 『내 아들의 연인』은 자신이 살고 있는 세계가 아닌 '너머의 세계' 대한 상상력을 갖는 방법을 자세히 보여주고 있다. 주인공 '나'는 돈 많은 부잣집 사모님으로 하루의 일과는 백화점과 마사지 숍에서 시간을 보내는 것으로 채워진다. 백화점에 갈 때는 공을 들여 화장을 하고, 옷을 차려입는 등 자신의 사회적 계급에 맞게 행동할 줄 아는 여자다. 그러나 그런 그녀에게 '너머의 세계'를 보여주는 인물이 등장하는데 그녀는 바로 아들의 여자 친구 도란이다.

아들의 연인 도란이는 무허가 컨테이너에 살 정도로 가난하다. 부모는 책임도 지지 못하면서 동생들을 줄줄이 낳아 놨다. 책임은 도란이의 몫이다. 그런데 주인공 '나'가 보기에 도란이는 삶이 고달파 보이지 않는다. 말하자면, 도란이가 살아가는 방식은 '나'로서는 상상도 하지 못할 만큼 씩씩하다. 예컨대 도란이는 일단 있는 그대로의 삶을 인정하고 받아들인다. 그리고 거기서 생겨나는 고통에 정면으로 부딪치고 섣부르게 좌절하지도 않는다. 인간을 평가하는 기준에서도 돈이 많고 적고의 여부는 생각하지 않는다. 이런 도란의 태도는 가난한 남자는 차버리고, 돈 많은 남자를 손쉽게 선택하는 '나'가 취할 수 있는 삶의 태도와는 너무도 다른 것이었다.

'나'는 비로소 도란이를 통해 자신의 세계가 아닌 그 바깥의 세계를 상상하게 된다. 그 바깥의 세계에서 다른 사람이 살아가는 방식들을 엿보게 된 것이다. 그것은 본인이 경험해보지 못한 세계이다. 그 너머의 세계를 살짝 훔쳐보고 그로써 다른 세계가 하나 더 열린 것이라 할 수 있다. 이로써 '나'의 세계는 그만큼 넓어졌으며 그녀가 세상을 살아가는 태도와 그에 대한 인식도 분명 전과 같지는 않을 것이다. 소설의 마지막에서 '나'는 말한다. 이미 다른 세계를 '봐버렸기' 때문에 자신의 인생은 도란이를 만나기 전과 후가 다를 것이라고. 소설을 읽는다는 행위는 바로 이렇게 내 자리에서는 도저히 볼 수 없는 다른 세계를 한 번 경험해보는 일이다. 아울러 그 세계를 본다면 내 삶의 인식과 관점은 분명히 달라질 것이다. 이것이 소설을 통해 '한 번 더 살아보는 경험'을 해보는 일이다.

중요 point

비평가 테리 이클턴은 “인간은 스스로에게 물음을 일으키지 않는 존재이다” 라고 말했다. 이 말은 인간은 자신의 삶에 대해서 적당한 ‘질문’을 던지지 못한다는 의미이기도 하다. 테리 이클턴은 “인간은 스스로에게 물음을 일으키지 않고, 스스로 그 물음에 닿아 있는 곳을 찾아 나서지 않으며 그 물음이 다시 자기에게로 향해 있음을 피하며 살아간다.”라고 했다. 소설은 ‘삶의 리허설이다’ 라는 말의 의미는 소설을 통해 내 삶에 과잉된 것은 무엇인지, 부족한 것은 무엇인지, 필요한 것은 무엇인지를 살펴봄으로써 ‘나는 누구이며 어떻게 살아야 하는가’ 라는 질문을 스스로에게 던질 줄 안다는 뜻이다. 준비의 시간이 있다면 삶이라는 본 무대는 그만큼 더 잘 살아낼 수 있지 않을까.

06 자기 객관화의 능력

인간이 발휘할 수 있는 가장 높은 수준의 정신 능력은 자기를 객관화할 수 있는 능력이라고 한다. '자기 객관화의 능력'이란 자신을 거리를 두고 바라볼 줄 알면서, 자신의 생각과 행동에 대한 객관적 판단을 할 수 있는 능력을 말한다. 인간은 본디 자신을 합리화하는 존재이다. 누구나 지금의 상황을 자신에게 유리한 방향으로 해석하고 판단하려고 한다. 자신이 처한 상황이 급박하고 엄중하다고 느끼면, 그것에 빠져 미처 다른 입장이나 상황은 잘 보지 못하는 것이다. 행복과 불행에 빠지면 인간은 더욱 자신의 감정에 몰두하기 쉽다. '나의 불행은 다른 사람의 불행보다 더 크고 힘들며, 나의 행복이 그 누구의 행복보다 의미 있고 소중하다'라고 생각하기 마련이다.

하지만 거리를 두고 자신을 바라보면 전에는 보지 못했던 다른 부분들이 보이기 시작한다. 가까이에서는 보이지 않았던 것들이 그것과 떨어진 상태에서 보이는 것과 같은 이치이다. 멀리서 보면 '나의 불행이 그렇게 크지 않을수 있는 것이고, 내가 느끼는 행복도 그다지 대단한 것'이 아님을 깨닫게 되는 것이다. 나에게 주어진 행복도 불행도 모두 객관화할 수 있을 때 인간은 진정한 내면의 힘을 갖추게 되는 게 아닐까. '자기를 객관화'한다는 것은 자신이 가진 생각과 행동, 감정을 잘 알고 조절할 수 있다는 의미이기도 하다. 자신의 생각과 그에 따른 행동에 대해 평가를 내리고 무엇을 잘했고, 무엇이 아쉬웠는지를 점검해보며, 그 과정에서 생겨난 관념과 감정까지도 컨트롤할 수 있는 능력은 인간만이 지닌 상당히 고등한 정신 능력이라 할 수 있다.

김훈의 소설 〈화장〉은 '자기 객관화'의 과정을 자세히 설명한다. 소설 속 화자 오상무, '나'는 화장품 회사의 간부로 암으로 죽어가는 아내를 보살피고 있다. 회사에서 업무를 마치면 오상무는 그 즉시 병원으로 달려가 아내를 씻기고, 기저귀를 갈아 주는 등 정성껏 아내를 보살피지만 아픔을 호소하는 아내의 고통을 감각 하지는 못한다.

"아내가 두통 발작으로 시트를 차내고 머리카락을 쥐어뜯을 때도, 나는 아내의 고통을 바라보는 자신의 고통을 확인할 수 있을 뿐이었다. 그 생명현상은 그 개별적 내부의 현상이며, 생명은 뒤섞이지 않는다. 생명에서 생명으로 건

너갈 수 없고, 이 건너갈 수 없음은 생명현상이다."

- 김훈, <화장>

김훈은 주인공의 감각을 '타인이 느끼는 고통을 바라보는 자'의 위치에서 서술한다. 오상무는 아내의 고통을 느낄 수 없다. 그래서 오상무가 감각한 아내의 죽음은 무덤덤한 것이다. 하지만 요도염을 앓는 오상무는 자신의 배뇨 장애로 인한 육체적 고통은 다음과 같이 아주 세밀하게 표현한다.

남자의 방식대로 서서 오줌이 나오기를 기다리기 힘들었다. 변기에 앉아서 방광에 힘을 주었더니, 고환과 항문 사이에서 날카로운 통증이 방사선으로 퍼져나갔다. (중략) 요도 속에서 오줌방울들은 고체처럼 딱딱하게 느껴졌고, 오줌이 빠져나올 때 요도는 불로 지지듯이 뜨겁고 쓰라렸다. 몸속에 오줌만 남고 사지가 모두 떨어져 나가는 느낌이었다.

- 김훈, <화장>

오상무는 "죽은 아내의 시신이 침대에 실려 나갈 때도 방광의 무게에 짓눌려 침대 뒤를 따라가지 못한다." 오상무에게 타자의 고통은 알 수 없으므로 사소한 것이 되고, 자신의 고통은 바로 느낄 수 있으므로 중대한 것이 된다. 고통과 죽음을 인식하고 서술하는 방식에 있어서 이러한 글쓰기 즉, '쓸

수 있는 것'을 더 정직하게 말하는 방식은 오히려 고통과 죽음에 대한 거리두기를 가능하게 한다. 소설은 이렇게 '고통'을 객관화시켜서 보여준다.

자신의 고통이든, '타인'의 고통이든 세계는 흘러가기 마련이다. 소설 〈화장〉은 육체성에서 오는 고통을 객관화하면서, 그것과는 상관없이 돌아가는 현실의 일상을 보여준다. 아내의 장례를 치르는 와중에도 오상무는 결재서류에 사인을 하고 밀린 회사 업무를 한다. 장례식장에 온 사모하는 여인 추은주의 몸을 눈으로 더듬으면서 욕망한다. 이렇게 소설은 아내의 죽음이라는 소멸과 추은주의 육체라는 생동을 병치시키면서, 그 둘은 항상 함께 공존할 수밖에 없는 세계의 본질을 말하고 있다.

소설 읽기는 '자기 객관화'하기의 훈련이다. 소설을 읽는 독자는 제3자의 입장에서 소설 속의 인물들과 만난다. 그런데 소설 속 인물이 실제 인물은 아니기 때문에, 독자와 소설 속의 인물과 사건에는 일정한 거리가 설정될 수밖에 없다. 소설 〈화장〉은 '나'와 '타인'의 거리를 유지시키면서 각각의 입장에서 느끼는 고통을 감정의 과잉 없이 객관적으로 서술한다. 이로써 우리는 행복과 불행, 고통과 기쁨 등과 같은 인생의 파고를 객관적으로 인식하고 이해할 수 있다.

중요 point

소설 읽기는 '자기 객관화'하기의 훈련이다. 소설을 읽는 독자는 제3자의 입장에서 소설 속의 인물들과 만난다. 그런데 소설 속 인물이 실제 인물은 아니기 때문에, 독자와 소설 속의 인물과 사건에는 일정한 거리가 설정될 수밖에 없다. 소설 <화장>은 '나'와 '타인'의 거리를 유지시키면서 각각의 입장에서 느끼는 고통을 감정의 과잉 없이 객관적으로 서술한다. 이로써 우리는 행복과 불행, 고통과 기쁨 등과 같은 인생의 파고를 객관적으로 인식하고 이해할 수 있다.

07 언제나 실패하는 우리의 이해

아마도 인간이 인간을 온전히 이해하는 일은 어려울 것이다. 인간이 불완전한 존재라는 사실을 인정한다면 말이다. 불완전한 존재가 하는 모든 이해는 필연적으로 불완전할 수밖에 없기에 인간이 누군가를 '완전히' 이해하는 일은 일어날 수 없을 것이다. 우리는 늘 부분으로만 타인을 이해할 뿐이다. 그러므로 타인에 대한 이해는 늘 실패하고 만다.

홍상수 감독의 영화 〈우리 선희〉도 한 여자를 이해하는 데 실패하는 세 남자들의 이야기다. 주인공 선희를 둘러싼 세 남자, 대학교수(김상중), 선배(정재영), 동기(이선균)는 선희를 잘 안다고 생각하지만 결국 선희를 알지 못했다는 사실이 드러나고, 그 이해의 부족은 인물들의 오해를 불러온다.

영화는 선희가 미국 유학을 위해 교수를 찾아가 추천사를 부탁하는 장면으로 시작한다. 음흉한 교수는 제자 선희에게 은근히 스킨십을 시도하다 거부당하고 그 때문인지 추천사도 애매하게 써준다. 선희의 장점을 부각시킨 추천사가 아니라, 그녀의 장점을 쓰면서도 다른 사람과 어울리거나 협동하는 일에는 좀 부족한 면이 있다는 등의 부족한 점도 빠트리지 않고 쓴 것이다. 선희의 선배와 동기도 선희에게 다른 마음을 품고, 그녀에게 접근하지만 다 실패하고 만다.

그러던 중 선희는 세 사람과 고궁에서 만나기로 각각 약속을 잡고 자신은 약속 장소에 나가지 않는다. 선희를 뺀 세 남자는 고궁에서 조우한다. 그들은 서로 우연히 만난 것처럼 고궁을 걷는다. 그러다가 자연스럽게 선희 이야기를 하면서 세 사람이 생각하는 선희는 서로가 완전히 다른 사람이라는 것을 알게 된다. 영화는 '어떤 선희가 과연 진짜 선희인가?'라는 질문을 남긴 채 끝난다. 타인을 이해하는데 서툴더라도, 우리 자신은 타인에게 충분히 이해받기를 원한다. 영화에서 선희가 세 남자들에게 제대로 이해받기를 바라는 마음으로 영화를 보는 것처럼 말이다.

문학이 타인을 자세히 이해하는 통로가 될 수 있을까. 니콜라이 고골의 〈초상화〉를 읽으면 광기에 시달리던 예술가가 어떻게 절망 속에서 죽어가는지를 지켜보게 되고, 끝내 예술가가 왜 그렇게 세상 끝으로 자신을 몰아붙이는지 짐작해 보게 된다.

타인을 섬세하게 이해하기 위해서, 또한 나도 세심하게 이해받고 싶어서 소설을 읽는다. 나는 타인이 생각하는 만큼 단순한 존재가 아니고, 타인 또한 나와 다르지 않을 것이므로 우리는 서로를 이해하는 데 게으르면 안 된다. 이는 인간이 타인을 배려하고 공감하는 방식이기도 하다. 김연수 작가는 "우리가 사랑하기 위해서는 그 사람을 이해해야 한다"라고 말했다. 그러니까 문학을 읽는 일은 내가 다른 사람을 사랑하기 위한 노력의 한 과정이다.

중요 point

타인을 섬세하게 이해하기 위해서, 또한 나도 세심하게 이해 받고 싶어서 소설을 읽는다. 나는 타인이 생각하는 만큼 단순한 존재가 아니고, 타인 또한 나와 다르지 않을 것이므로 우리는 서로를 이해하는 데 게으르면 안 된다. 이는 인간이 타인을 배려하고 공감하는 방식이기도 하다. 김연수 작가는 "우리가 사랑하기 위해서는 그 사람을 이해해야 한다" 라고 말했다. 그러니까 문학을 읽는 일은 내가 다른 사람을 사랑하기 위한 노력의 한 과정이다.

08 인생에서 허무를 건너는 방법

날씨가 흐린 날 산에 오르면 안개 탓에 한 치 앞도 볼 수가 없다. 저 너머에 무엇이 있는지, 내가 가려는 목표지점이 어디인지도 가늠할 수가 없다. 이런 상황에서 내가 볼 수 있는 것은 바로 발아래뿐이다. 앞이 보이지 않는다는 것, 이곳이 어디쯤인지 잘 모른다는 생각은 막연한 불안감을 갖게 한다. 그것이 초행길이라면 더 그렇다. 하지만 걷다 보면, '앞이 보이지 않는다'라는 사실은 산행에서 큰 문제가 되지 않는다는 걸 곧 알게 된다. 왜냐하면 산행은 '앞이 보이는 것'과 상관없이 이미 나 있는 길을 따라 발 등을 보면서 걸어가기만 하면 되기 때문이다. 그렇게 걷다 보면 어느새 목적지에 도착한다.

우리 삶이라고 다를까. 인간도 '앞이 보이지 않는 미래'를 향해 중단 없이 나아간다. 전진만 있을 뿐 그 중간에 멈추는 일은 없다. 나는 산행을 하다가 중간에 내려오는 사람을 한 번도 보지 못했다. 도중에 사고를 당하지 않는 한, 가던 길을 내려오는 사람은 거의 없다. 나 역시 그렇다. 이를 보면서 나는 '하던 일을 멈추는 능력'은 인간이 대단히 갖추기 어려운 능력이 아닐까, 라는 생각을 했다.

인간은 그리스 신화에 나오는 시시포스처럼 죽는 순간까지 언덕으로 돌을 굴려 올려야 하는 숙명에 빠진 존재인지도 모른다. 그는 일생 동안 언덕 위로 돌을 굴려 올려야 하는 형벌을 받았다. 힘들다고 해서 돌을 굴려 올리는 것을 멈출 수는 없다. 그렇다고 가만히 있을 수도 없다. 돌을 받쳐 든 상태에서 정지해 있기는 더 힘들기 때문이다. 이는 살아있는 동안에 인간의 고통은 반복된다는 것을 의미한다. 죽음만이 그 고통을 멈출 수 있다.

안개에 휩싸인 산에서 한 치 앞을 볼 수 없듯이, 우리가 가고 있는 길의 끝에 무엇이 있는지 결코 알 수 없다는 사실과 죽는 순간까지 언덕으로 돌을 굴려 올려야 하는 시시포스가 처한 상황을 생각한다면, 우리는 깊은 허무감에 빠질지도 모른다. 사는 동안 고통은 피할 수 없고, 반복될 뿐이며 그럼에도 자신이 최선을 다한 그 일이 죽음과 함께 사라질, 아무런 의미도 갖지 못한다면 인간은 얼마나 큰 허무를 느끼겠는가.

소설가 헤밍웨이는 우리의 삶 자체가 '허무'라는 사실을 깊이 생각한 작가 중 한 사람이다. 그가 바닷가 한적한 마을에서 권총 자살로 생을 마감한 것도 이 '허무'를 견디지 못했기 때문이 아니었을까.

그의 단편 소설 〈깨끗하고 불빛 환한 곳〉에는 '허무' 그 자체를 알기 위해 노력하는 듯한 노인이 등장한다. 그 노인은 어느 한 카페에 밤늦은 시간까지 홀로 앉아 먼 곳을 응시하며 술잔을 기울인다. 아무것도 하지 않고 그저 '허무'가 무엇인지를 알아내겠다는 태도를 보여준다. 그 노인은 매일 같은 시간에 카페를 방문하여 말없이 한참을 앉아 있다가 간다. 마치 '허무'가 인생에서 가장 중요한 일인 양 깊은 생각에 잠기곤 한다. 그게 아니라면, '허무'를 즐기는 것처럼 보이기도 한다. 이런 노인의 모습을 지켜보던 카페 매니저는 아마도 노인은 '허무와의 대결을 펼치는 것이 아닌가'라는 생각을 한다. 그 노인은 아무래도 '허무' 그 자체의 의미를 알아내기 위해 생각할 장소가 필요했고 이 허름한 카페를 찾아드는 것이 아닐까 하고. 그러므로 노인을 방해하면 안 된다는 것이 카페 매니저의 생각이다.

살면서 '허무'라는 말을 떠올려 보지 않은 사람이 있을까. 삶의 모든 것들은 허무하게 끝나니까 말이다. 아름다운 건축물도 무너지고, 위대했던 인물도 사라지고, 훌륭했던 생각들도 소멸하고, 뜨거웠던 사랑도, 우정도 결국에는 모두 사라진다. 그러므로 '허무'의 근본적 속성은 '아무것도 없음' 즉, '무(無)'의 개념이 될 수 있다. 우리가 최종적으로 도달하는 곳은 아무것도 없는 곳이라는 설명이 바로 헤밍웨이가 설명하는 '허무'이다. 그래서 노인은 카페에 앉아 바로 이 '無'를 경험하고 있는 중이다. 그러니까 노인은 진정한 '허무'의 의미를 깨닫고 온몸으로 실천하고 있는 것이다.

우리가 노인에게서 발견해야 할 것은 '허무'를 극복하려는 그의 노력이 아니라, '허무'가 무엇인지를 알아내려고 시도했다는 점이다. 그것이 '허무'를 건너가는 과정일 수 있다는 것이 헤밍웨이의 메시지이다. 우리는 소설에서 노인의 그 무용한 행동을 보면서 비로소 '허무'가 무엇인지를 짐작해 볼 수 있게 되었다. 인생에서 최종적으로 도착할 지점에 '아무것도 없다'라는 이 간단한 메시지를 말이다. 그리고 그러한 발견은 노인처럼 그 의미를 찾는 사람에게만 보인다는 것을. 그 뜻을 발견한 사람은 아마도 삶의 국면마다 그 일이 갖는 '의미'를 찾아 헤매지는 않을 것이다. '그 일은 무슨 의미가 있니?'라는 물음도 이전보다 적게 던질지 모른다. 이것이 불확실한 세계에서 맞닥뜨리게 되는 '허무'를 건너가는 한 방법이다. '의미'를 찾지 말고, 다만 살아가기. 이것으로 우리는 '허무'에 대한 앎의 지평이 조금은 넓어졌다고 할 수 있지 않을까.

중요 point

우리가 노인에게서 발견해야 할 것은 '허무'를 극복하려는 그의 노력이 아니라, '허무'가 무엇인지를 알아내려고 시도했다는 점이다. 그것이 '허무'를 건너가는 과정일 수 있다는 것이 헤밍웨이의 메시지이다. 우리는 소설에서 노인의 그 무용한 행동을 보면서 비로소 '허무'가 무엇인지를 짐작해 볼 수 있게 되었다. 인생에서 최종적으로 도착할 지점에 '아무것도 없다'라는 이 간단한 메시지를 말이다. 그리고 그러한 발견은 노인처럼 그 의미를 찾는 사람에게만 보인다는 것을. 그 의미를 발견한 사람은 아마도 삶의 국면마다 그 일이 갖는 '의미'를 찾아 헤매지는 않을 것이다. '그 일은 무슨 의미가 있니?'라는 물음도 이전보다 적게 던질지 모른다. 이것이 불확실한 세계에서 맞닥뜨리게 되는 '허무'를 건너가는 한 방법이다. '의미'를 찾지 말고, 다만 살아가기. 이것으로 우리는 '허무'에 대한 앎의 지평이 조금은 넓어졌다고 할 수 있지 않을까.

09 불가능에 대한 상상

● 문학 읽기 수업 중에 수강생들에게 “이다음에 올 내용을 상상해보세요”라는 요청을 하면 대부분 그것의 실현 가능성에 대해서 말한다. 예컨대, 그 내용이 현실에서 일어날 수 있는 일인가, 아닌가가 중요한 것이다. 현실에서 벗어나는 상상을 하면 단박에 “에이, 그건 말도 안 돼요”라는 응답이 되돌아온다. 분명히 “상상한 것을 말해 보세요”라는 주문을 했는데도 말이다. 이것이 문학을 읽는 독자들의 일반적인 반응이다. 그러니까 우리가 하는 상상은 ‘현실이라는 가능성 안에서만 허용되는’ 상상이다. ‘이 선은 넘지 마’라는 한계가 있는 상상인 것이다. 이는 우리가 가진 상상력의 한계를 그대로 보여준다.

‘상상’이 중요하고 필요한 이유는 바로 ‘말이 안 되는 것을 상상’을 하는 데에 있다. 김초엽의 단편 <우리가 빛의 속도로 갈 수 없다면>에는 180살의 여성 과학자가 등장한다. 그 노인은 냉동 수면 기술 즉, 딥 프리징 기술에 참여했던 연구자이다. 안나라는 그 노인은 바로 자신의 기술을 이용해 180살까지 생명을 연장하면서 살아간다. 이런 기술에 발맞춰 우주 개척 시대의 서막이 열렸다. 인류는 언제든지 우주로 우주선을 쏘아 올려 인간이 살만한 행성으로 사람들을 실어 나르게 되었고 또 그곳에 정착해서 살 수 있는 시대가 된 것이다.

안나는 우주에 가서 살아보기로 하고 남편과 자식들을 먼저 슬렌포니아라는 행성으로 보낸다. 연구 때문에 정신없이 바빴던 안나는 학회에서 발표가 끝나는 대로 가족의 뒤를 따르기로 한다. 그러나 이 무슨 운명의 장난인지 일이 끝나자마자 슬렌포니아로 가려 했던 안나의 계획은 무산되고 만다. 슬렌포니아 우주선의 운항이 갑자기 중단되는 일이 일어난 것이다. 안나는 운항사에 항의도 해보고 이런저런 방법을 시도해보지만 모두 실패하고 만다. 안나는 그렇게 혼자 남게 된다.

이때부터 안나의 기나긴 기다림이 시작된다. 냉동수면기술로 잠들고 깨어나기를 반복하면서 안나는 오로지 슬렌포니아행 우주선이 운항 되기만을 기다린다. 이런 안나에게 폐기될 우주 데브라를 관리하는 직원이 나타난다. 그는 안나를 설득하기 시작한다. 슬렌포니아로 가는 우주선은 앞으로도 운항하지 않을 예정이니 이곳에서 기다리는 것은 소용없는 일이라고. 그리고 당신이 100년도 넘게 동결과 해동을 반복하는 동안 당신의 가족들은 이미 그 행성에서 생을 다 누리고 죽었을 거라고, 또 이 정거장도 곧 폐기될 거라고. 이에 대해 안나는 말한다.

"예전에는 헤어진다는 것이 이런 의미가 아니었어. 적어도 그때는 같은 하늘 아래 있었지. 같은 행성 위에서, 같은 대기를 공유했단 말일세. 하지만 지금은 심지어 같은 우주조차 아니야. 내 사연을 아는 사람들은 내게 수십 년 동안 찾아와 위로의 말을 건넸다네. 그래도 당신들은 같은 우주 안에 있는 것이라고. 그 사실을 위안 삼으라고. 하지만 우리가 빛의 속도로 갈 수조차 없다면, 같은 우주라는 개념이 대체 무슨 의미가 있나? 우리가 아무리 우주를 개척하고 인류의 외연을 확장하더라도, 그곳에 매번, 그렇게 남겨지는 사람들이 생겨난다면……"

- 김초엽, <우리가 빛의 속도로 갈 수 없다면>

이 말을 남기고 안나는 너무 낡아버려 부서질 것 같은 개인 우주선을 가지고 슬렌포니아로 떠난다. 그 모습을 직원은 안타까운 눈으로 바라본다. 안나의 우주선이 얼마 못 가서 산산이 부서지고 뒤이어 안나도 죽을 것을 예상했기 때문이다. 그러나 직원의 눈에는 그런 안나의 뒷모습이 자신의 목적지를 확신하는 것처럼 보였다.

소설을 읽은 독자라면 '미지의 행성'으로 떠나는 안나의 결말이 불행하리라는 데에 어떤 이견을 제시하지 못할 것이다. 정황상 안나가 슬렌포니아에 도착해서 가족을 만날 확률도, 안나의 개인 우주선이 그곳에 도착할 때까지 버티어 줄까에 대한 어떤 객관적인 확신도 가질 수 없기 때문이다. 그런데 이렇게 예상 가능한 상상에서 조금 벗어나 어떤 '불가능에 대한 상상'을 한 번 해보는 건 어떨까. 안나가 죽지도 않고, 가족을 만나서 잘 산다는 상상, 아니면 그 이상의 어떤 상상 말이다.

지구를 떠난 안나가 죽음을 맞는다는 상상 말고 우리가 할 수 있는 다른 상상은 무엇일까? 작가는 '또, 뭐 없습니까? 그거 말고 다른 건 없나요?'라고 묻고 있는 듯하다. 소설은 이렇게 우리가 가진 상상력이 얼마나 협소한지를 일깨우면서 상상력이 멈춘 그 지점에서 더 나아가라고 우리를 끌어당기는 역할을 한다.

"상상력은 언어를 넘어서는 능력, 바꿔 말해서 새롭고, 낯설며, 역설적이고, '비합리적인'것들을 나타내는 낱말들과 이미지들을 꿈꾸는 것이다."

\- 리처드 로티, 《우연성, 아이러니, 연대》

이 세계는 우리가 상상한 모습 그대로 작동한다. 우리가 누리고 있는 이 문명도 삶을 좀 더 편리하게 해주는 방법은 무엇일까를 상상하고 발전시킨 결과이다. 앞으로도 인간의 상상력에 발맞춰 인류는 진보해 나갈 것이다. 그러므로 다가올 미래는 우리의 상상력에 따라 그 모습을 갖춰갈 것이다.

우리의 미래는 우리의 상상력에 달렸다고 해도 과언이 아니다. 상상의 양과 질, 깊이와 넓이만큼 우리의 삶도 달라질 것임이 분명하다. 그것은 나중의 일이 아니라 바로 지금의 일이기도 하다. 상상의 폭을 확장하는 일이 지금의 삶을 얼마나 다채롭고 풍요롭게 만들지 결정한다. 문학은 이 '불가능을 상상'하는 빛에 의지해 인간과 세계를 탐사해 나가는 역할을 한다.

중요 point

이 세계는 우리가 상상한 모습 그대로 작동한다. 우리가 누리고 있는 이 문명도 삶을 좀 더 편리하게 해주는 방법은 무엇일까를 상상하고 발전시킨 결과이다. 앞으로도 인간의 상상력에 발맞춰 인류는 진보해 나갈 것이다. 그러므로 다가올 미래는 우리의 상상력에 따라 그 모습을 갖춰 갈 것이다. 우리의 미래는 우리의 상상력에 달렸다고 해도 과언이 아니다. 상상의 양과 질, 깊이와 넓이만큼 우리의 삶도 달라질 것임이 분명하다. 그것은 나중의 일이 아니라 바로 지금의 일이기도 하다. 상상의 폭을 확장하는 일이 지금의 삶을 얼마나 다채롭고 풍요롭게 만들지 결정한다. 문학은 이 '불가능을 상상'하는 빛에 의지해 인간과 세계를 탐사해 나가는 역할을 한다.

소설 재미있게 읽는 법

3장.

소설,
어떻게 읽는가

01 ____ 훌륭하고 위대한 독자

● 프란츠 카프카의 소설 〈변신〉은 '인간이 벌레로 변한' 이야기다. 주인공으로 등장하는 그레고르 잠자는 어느 날 잠에서 깨어보니 한 마리의 벌레로 변한 자신을 발견한다. 가족들은 그의 모습에 충격을 받고 어찌할 바를 모르고 허둥대다가 점차 그를 혐오하고 구박하기 시작한다. 그렇게 그레고르는 가족에게 소외당한 채 쓸쓸한 죽음을 맞이한다. 소설가 나보코프는 독자들이 아무런 상상력도 가미하지 않은 채 엉뚱하게 이 소설을 읽어버리는 것에 실망했던지, "훌륭하고 위대한 독자"란 무엇인가에 대해 다음과 같이 말한다.

"만약 카프카의 〈변신〉을 읽고 단순히 곤충이 등장하는 판타지 이상의 어떤

느낌을 받는다면, 나는 그 사람에게 훌륭하고 위대한 독자의 반열에 올랐다는 축하 인사를 건네겠습니다."

- 소설가, 블라디미르 나보코프

말인즉슨, 소설이 보여주는 그대로만 읽지 말고, 그것이 내포하고 있는 어떤 의미를 발견하라는 주문이다. '인간이 벌레가 되는 설정'은 분명 '판타지적'이지만 훌륭한 독자라면, 그 이상의 무엇을 읽어내야 하지 않겠느냐는 의미다. 그러니까 이 소설에서 보여주는 '판타지'가 무엇을 말하고 있는지를 상상해 읽으라는 것이다.

카프카는 〈변신〉을 쓰고 난 후 한 인터뷰에서, 이 소설은 "이 세계가 가지고 있는 비밀을 누설한다"라고 말한 바 있다. 소설이 현실에서 감추고 있는 비밀을 은밀하게 폭로한다는 말이다. 소설을 읽는 독자는 작가가 제시하는 그 비밀을 알아차리려는 시도가 필요하다는 암시를 카프카는 넌지시 던지고 있다.

그렇다면, 소설 읽기에서 알맹이 파내기, 즉 '숨은 의미 찾기'는 어떻게 가능한가. 그것은 소설에 나오는 상황들을 우리 삶과 비교해 보는 방법을 적용하면 쉬워진다. 예컨대, 소설에서 인간이 벌레로 변했다는 것은 우리 삶에서 어떤 의미를 갖는지를 생각해 보는 것이다.

먼저 소설 속 벌레는 현실에서 무엇에 비유될 수 있을까. 현실에서 '벌레'라는 이미지는 대체로 부정적인 의미가 크다. 그것은 더럽고, 쓸모없는 이미지로 우리에게 각인되어 있다. 마찬가지로 소설에서 벌레로 변해버린 그레고르 또한 그 사회에서 '더럽고 추하고 쓸모없는 존재가 되어 버렸다'라는 사실을 짐작해 볼 수 있다. 그렇다면 이 세계에서 이렇게 '벌레' 취급을 받는 존재들은 누가 있을까? 언뜻 생각나는 대로 적어보면, 행색이 더럽고 악취를 풍기는 거지나, 노숙자, 사람들에게 위해를 가하는 정신이상자들을 그 예로 들 수 있을 것이다. 이들은 사람들로부터 쉽게 '벌레' 취급을 받는다. 이들의 또 하나의 공통점은 경제활동을 할 수 없고, 그래서 가난하다는 것이다.

소설 〈변신〉에 등장하는 그레고르가 벌레가 되었다는 건 돈을 벌 수 없는 존재가 되었다는 것, 그래서 주위로부터 쓸모없는 존재 취급을 받는다는 사실을 말해주고 있다. 그것도 어느 날 '갑자기' 말이다. 벌레로 변했기 때문에 경제적 활동을 할 수가 없고, 이 사회에서 돈을 벌지 못하는 인간은 쉽게 벌레와 같은 취급을 받는다. 실제로 소설에서도 그레고르는 벌레로 변하자 경제활동을 할 수 없었고, 바로 그 점이 가족에게서 버림받는 이유가 된다. 우리의 현실도 크게 다르지 않다. 이 사회에서 인간 취급을 받으려면 일단, 돈을 벌어야 한다. 이 사회에서 존재의 증명은 '돈'으로 가능하다는 것을 카프카는 그레고르의 '변신'을 통해 보여주고 있다.

또한 소설에 나오는 '인간이 벌레가 된 상황'이란 현실에서는 일어날 수 없는, 환상 속에서나 가능한 일이다. 한마디로 '말도 안 되는 상황'인 것이다.

그런데 사실 따지고 보면 현실에서도 이런 '말도 안 되는 상황'은 너무도 많이 일어난다. 우리는 그보다 더 말도 안 되는 상황을 매일 경험하며 살고 있지 않은가. 그러니 소설에서 그레고르가 하루아침에 벌레가 되었다는 설정도 그렇게 이상한 일은 아니다. 이렇게 소설과 현실을 비교해 보면서 우리가 처한 현실이 어떠한지를 이해하는 방법은 소설을 읽는 유용한 방법이 된다.

프란츠 카프카가 〈변신〉을 통해 보여주는 것은 먼저 그럼에도 삶은 계속된다는 것이다. 카프카가 정말로 문제 삼고 싶은 것은, 이 '말도 안 되는 상황'을 문제로 인식하지 못하고 그 심각성을 깨닫지 못하는 인간들의 무감각에 있다. 주인공 그레고르도 자신의 변화가 얼마나 큰 문제인지를 자각하지 못하는 모습으로 그려진다. 사랑하는 가족이 갑자기 존재가 탈바꿈되는 엄청난 일이 일어난 상황 속에서도 가족들은 그를 구박하고 소외시킨다. 이렇게 카프카의 화살은 무엇이 문제인지 모르는 인간들의 무지와 몰이해를 겨냥하고 있다.

나보코프가 말한 훌륭하고 위대한 독자는 소설이 보여주는 것 너머를 보고 사유할 줄 아는 독자이다. '소설 속 상황을 우리 삶과 연결하고 비교하라!' 그리고 '그것을 바탕으로 우리의 현실을 읽어내라!'라는 것이 소설을 읽어내는 한 방법이다. 이는 훌륭하고 위대한 독자로 가는 마중물이기도 하다.

02 이해에서 해석으로

소설 읽기에서 '해석'이란 소설에 나타나 있는 요인들을 통해 타당한 의미를 산출해 내는 것을 말한다. 작가는 인물과 사건, 시대적·사회적 배경, 공간, 문체, 구조 등과 같은 소설을 구성하는 요인들을 사용해 자신이 말하고 싶은 것을 은유와 비유, 상징과 함축, 반복과 아이러니와 같은 기법으로 작품에 녹여낸다. 소설을 읽는다는 것은 단순히 작품의 내용을 파악하고, 주제를 이해하는 것에 그치는 것이 아니라 작품 너머의 무엇인가를 보고 의미를 찾으려는 노력을 말한다. 독자는 작품의 요소들이 의미하는 바를 바탕으로 작품을 이해하고 생각해 보게 된다. 그 앎과 깨달음을 바탕으로 인간과 세계에 대한 깊은 이해에 도달하게 된다.

당연히 소설에 대한 해석은 하나로 고정된 것이 아니다. 하나의 해석만 있다면, 그 소설 읽기는 이미 죽은 것이나 다름없다. 소설은 시대에 따라, 사회에 따라, 사람에 따라 새롭고 다양한 의미를 만들 수 있고 그 해석은 무한대이다. 독자는 소설을 읽어가면서 다양하게 그 의미들을 끌어낼 때, 한층 깊이 있는 독서를 할 수 있다.

문학은 본질에 대한 질문을 가진 사람들이 좋아하는 것입니다. 활자라는 건 기호이며, 머릿속에서 의미로 바뀝니다. 복잡한 기호체계를 머릿속에서 의미 있는 낱말로 해석하고 그 낱말과 낱말을 이어서 의미체계를 만들고, 그것이 떠올리는 이미지를 형상화하는 것입니다. 모든 문장은 우리의 머릿속에서 뭔가를 재생산해내는 가치를 갖고 있습니다. 활자는 우리들 영혼을 가장 많이 활성화하는 것입니다. 문학인은 현상이 아니라 심층에 대해 관심을 가진 사람이며, 저 휘장 너머에 무엇이 있을까 궁금증을 가진 사람들입니다. 우리 문화가 활자매체에서 비디오 매체로 변화하고 있지만, 본질적으로 문학이 사라질 수는 없을 것입니다. 본질에 대한 욕구는 인간 본연의 요구이기 때문입니다. 그래서 나는 아직도 문학에 신뢰를 두고 있고 또 희망을 걸고 있습니다.

- 박범신, 『나의 문학이야기』

소설에 대한 해석이 여러 갈래로 나올 수 있다는 의미는 소설이 가진 해석의 다양성을 잘 설명해준다. 이승우의 소설 『독』에 나오는 문장들은 이를 뒷받침한다. 다음 문장을 읽어보자. "악하다고 해서 선한 면이 없다는 것은 아니다.", "존재한다는 것이 살아 있다는 것을 지시하지 않는다." 이러한 구절들은 '하나의 판단이 그 존재에 모든 것을 말하는 것은 아니다'라는 인간이 하기 쉬운 판단의 오류를 보여준다. '악'이라고 해서 다 같은 '악'이 아니라, 그사이에는 어떤 간극이 존재한다는 것을 의미하는 것이다. '언어'와 '언어' 사이에는 이렇게 벌어진 틈이 존재하기 마련이다. 그 중간 지대를 꼼꼼히 밝혀내는 것이 소설 읽기에서 필요한 해석 작업이라고 할 수 있다. 소설을 읽고 해석을 한다는 것은 인간과 인간 사이의 벌어진 틈을 자세히 탐색한다는 것을 의미한다.

03 단편으로 시작하는 소설 읽기

"우리에게 중요한 것은 우리 문학에 대한 다각적인 분석이며, 그 분석을 통해서 우리는 문학과 사회의 관계에 대한 더욱 과학적인 해석에 이를 수 있을 것이다. 이와 같은 분석과 해석에서 중요한 것은 어떤 특정한 주제나 현상을 파악하는 데 있는 것이 아니라 그 주제와 현상의 보편적인 의미를 깨닫는 데 있다. 가령 70년대에 한때 창녀소설이 아주 많이 나왔다고 했을 때, 우선은 대부분의 주인공이 창녀라는 사실을 아는 것도 필요하지만 그것은 기본적인 것에 지나지 않는다. 다시 말하면 그러한 창녀 신분이 왜 갑자기 소설의 주인공 신분으로 대두되었는가, 그러한 주인공들의 신분이 독자들에게 어떻게 받아들여졌는가를 아는 것도 중요하지만 그 소설의 주제가 과연 창녀라는 소재였는가 생각해 보고, 그러한 소재와는 전혀 다른 어떤 패러다임을 발견할 수 없었는가, 그리하여 그 구조적인 특성에서 보편적인 어떤 의미를 발견할 수 없는가를 찾아보는 것이 더욱 중요하고, 더욱 필요한 것이다."

- 김치수, 『낭만적 거짓과 소설적 진실』

소설 읽기가 단순한 소설의 줄거리 파악이나 그것에서 이어지는 정념의 인식이나 표출에만 머물러서는 안 된다. 소설을 깊이 읽는다는 것은 소설에 담긴 내용을 바탕으로 인간과 사회 현상을 이해하고, 그로 인한 움직임의 특징들을 포착해내고, 숨겨진 이면들을 짚어내고, 그 현상에 대한 작동방식을 규명해 내면서 나아가 그것의 사회적 의미를 해석해 내는 작업이다. 하지만 사회가 복잡해지고 인간들의 삶이 개인화되고 파편화되면서 소설 읽기가 더욱 어려워지고 있다. 이는 독자들이 점점 그 의미를 알기 어려운 소설 읽기를 멀리하는 이유다. 그렇다면, 단편 읽기부터 시작하라고 권하고 싶다. 단편은 장편보다는 읽기에 대한 부담도 적고 비교적 쉽게 자신만의 해석을 시도하는 데 적합한 텍스트이기 때문이다. 단편은 장편보다는 간단한 구조와 형식으로 소설의 주제 의식을 담아내기 때문에 독자들이 소설을 읽고 해석의 훈련을 하는 데에 좋은 텍스트이다.

김의경의 단편 소설 「물건들」 읽고, 해석하기

김의경의 단편 「물건들」은 자본주의 시대를 살아가는 젊은이들의 '욕망의 스펙트럼'을 보여준다. 소설은 저가형 만물상(다이소)에서 쉽게 살 수 있는 물건들이 청춘 남녀의 욕망과 체념에 작용하여 이들의 삶이 어떻게 변모되어 가는지를 보여준다. 직장인 여성 '나'와 그녀의 대학 동창 영완은 다이소에서 재회하며 사랑을 키워간다. 가난한 이들은 생활비라도 절약해 볼 요량으로 동거를 시작하고, 다이소에서 사들인 물건들로 새살림을 차리면서 신혼부부의 삶을 만끽한다. 동거를 시작하면서 생긴 '나'의 꿈은 아이도 낳아 기르면서 번듯한 가정을 이루는 것이다. 하지만 이들은 아이를 낳아 키울 수 없는 경제적 현실의 벽에 부딪혀 그 꿈을 포기한다. 하지만 그렇다고 아이를 낳고 싶다는 '욕망'까지 없어진 것은 아니다. 이런 '나'의 욕망은 다이소에서 아기용품을 사는 것으로 대체되지만 결국 그것은 채워질 수 없는 욕망일 뿐이므로 이들은 서로 멀어지게 되고 결국 헤어진다. '나'와 영완은 둘이 처음 만났던 다이소의 3층 애견코너에서 헤어진다는 것이 이 소설의 대략적인 내용이다.

좀 더 자세히 소설을 읽으면서 해석의 지점들을 짚어보자. 중소회사에 다니는 '나'의 유일한 즐거움은 다이소에 가서 물건을 사들이는 일이다. 저렴한 가격의 물건들이 진열되어있는 다이소는 "불황에도 아랑곳하지 않고 언제나 붐비는 장소"이다. 얼마 안 되는 월급으로 방세와 식비, 각종 생활비를 해결해야 하는 '나'가 돈 걱정을 하지 않고 마음껏 돈을 써 볼 수 있는 곳이 바로 다이소이다. 그곳에서 '나'는 저렴한 비용으로 소비가 주는 모종의 만족감을 느낀다. 다이소의 물건들은 인간관계에서 오는 피곤한 감정의 소모 없이 편리하고도 깔끔하게 개인의 기분을 위로해준다. '나'는 "새로 산 머그

컵에 커피를 따르며 새로운 기분으로 아침을 시작하면"서 물건들과의 '관계 없음'의 편리함을 만끽한다. 빡빡한 살림에 "좋아하는 영화도 못 보고, 내가 왜 사나, 하는 우울감에 밀려들 때도" 어김없이 다이소로 달려가 물건들을 고르며 잠시나마 우울감에서 벗어난다.

이렇게 다이소는 일상에서 오는 불안과 우울을 피하는 장소인 동시에 정신적 만족과 해방감을 주는 장소를 상징한다. 하지만 다이소는 저렴한 비용으로 치유와 힐링을 필요로 하는 '나'에게는 계속해서 물건을 파는 장소로 기능하면서, 일시적인 행복감을 만들어 내는 장소일 뿐이다. '나'가 삶에서 생겨나는 우울감에서 벗어나기 위해서는 다이소라는 공간은 반드시 필요하며 그것은 물건을 사는 행위 즉, 소비를 통해 가능하다는 것을 말해준다. 자본주의 사회에서의 힐링은 이렇게 돈으로 해결할 수 있는 것이다. '나'가 힘겨운 현실을 넘기 위한 노력은 소비를 통한 일회적인 행복감에서 그친다. 이렇게 자본주의 사회에서 물건을 고르는 일은 그 자체가 불안을 잠재우는 의식이다.

'나'는 다이소의 물건들로 일상을 꾸려나간다. 휴지부터 화장실 세제, 철 지난 옷을 담는 종이상자, 신발장, 집을 꾸미는 벽지까지, 다이소에서 사들인 물건들의 범위 안에서 '나'의 삶은 계속된다. '나'에게 다이소는 너무나 많이 차려져 있는 뷔페 음식과도 같다. 다이소에 들어서는 순간 '나'에게는 수많은 물건 중에서 하나를 골라야 하는 선택이 강제된다. 종류의 다양함 앞에서 인간이 선택하지 않는 권리를 누리기란 힘든 일이다. 또한 선택하지 않아도 될 물건들을 선택하고 스스로 과잉의 소비생활을 체득한다. 다양한 물건들 중 하나를 고르기 위해서는 시간을 필요로 한다. '나'는 다이소에서 물건을 고르느라 "세 시간"이 걸린 적도 있다고 말한다. 지그문트 바우만은 "현대에서 소비자의 불행은 선택의 결핍에서 생기는 것이 아니라 과잉에서 비롯된다"라고 말한다.

다양한 물건 중에서 하나만을 선택하는 행위는 '나'에게 자신이 주체적으로 행동하고 있다는 것을 느끼게 한다. 주체적인 행동은 개인에게 자유의 감정을 선사하고 삶을 능동적으로 살아가고 있다는 것을 인식하게 한다. '나'는 다이소의 물건들을 선택하면서 삶에서 오는 불안과 불만을 잠시 잊고 개인으로서 누려야 할 기쁨을 누린다. 하지만 '나'가 느끼는 주체적 자유로움이 주는 기쁨은 '다이소 월드'라는 자본의 공간에 갇혀 있는 자유이며, 환상일 뿐이다. '나'가 물건들을 사들이며 한껏 자유를 누릴 때는 '물건'을 살 때뿐이다. 인간을 위한 물건이 아니라 물건을 위한 인간이 된다. 이렇게 물건은 인간의 착각과 망각을 먹이 삼아 물건의 종류를 늘리면서 인간의 욕망을 충동질하고 자본을 증식시킨다. 인간은 물건이 제공하는 번잡한 테두리 안에서 이것이 진정 '행복한 삶'이라고 스스로를 위로한다.

이렇게 '나'에게 안정감과 행복감을 안겨다 주는 장소인 다이소에서 만난 영완이라는 남자는 특별한 의미를 갖는다. 다이소에서 이루어지는 만남은 '나와 내가 비슷한 삶을 살아간다'라는 공동체 의식을 느끼게 하고 이는 서로를 위로하는 기제로 작용한다. 다이소가 이렇게 연대 의식을 느끼게 하는 공간으로 탈바꿈할 때, 그곳에서 만나는 사람들은 그저 물건을 사는 타인이 아니라 동료가 되는 착각을 일으킨다. '나'가 다이소의 애견코너에서 대학 동기인 영완을 만났을 때도 이와 비슷한 감정의 메커니즘이 작동한다. 대학 때는 "대수롭지 않게 생각했던 영완"을 다이소라는 공간에서 만나자 그에게 다시금 호감이 가기 시작하고 '나'는 그것을 인연이라고 생각한다.

그 후 그들은 "맥주를 마시며 자연스럽게 서로의 일상을 탐색"하면서 사랑의 싹을 틔우기 시작한다. 다이소는 물건을 사는 자본주의 논리가 적용되는 장소일 뿐이지만 가난을 공유한 남녀에게는 비슷한 경제적 계급의식으로 서로에게 쉽게 호감을 느끼고 접근하는 장소가 된다. 이들의 사랑은 다이소라는 장소에서 시작하고 그곳에서 사는 물건들로 매개되며 지속된다.

이제 물건들은 인간의 삶에 깊숙이 침윤하여 잠식하면서 어느새 삶의 방식들을 바꾸어 놓기에 이른다. 물건들은 '나'에게 이제 그저 단순한 만족의 대상이 아니라 영완과 함께 만들어갈 미래이며 꿈의 공간에 알맞게 채워져야 할 대상들이다. '나'가 다이소에서 사는 물건들이 쌓일수록, '나'의 꿈도 영완의 꿈과는 상관없이 커져만 간다. 처음에 '나'가 구입하는 물건들은 1층에 마련된 생필품에 불과했지만, 영완과 살림을 합치면서 2층의 생활용품과 주방 코너로, 5층의 육아 용품 코너로 범위를 넓혀 간다. 2층에서 쇼핑을 할 때는 "나는 이제 막 결혼한 새댁 마냥 평소에는 살 생각을 하지 않던 물건들에 관심이 쏠렸다." 그리고 구입한 물건들을 집으로 가져와 사용할 때 '나'는 "유리 캔들 홀더에 놓인 초에 불을 켜고 절단기로 계란을 자르면서, 레몬즙 짜

개로 돈가스에 레몬즙을 뿌리면서 한 번 가려면 며칠간 궁색하게 살 것을 각오해야 하는 일류 레스토랑에 온 기분"에 도취된다.

새로운 물건들은 새로운 삶을 데려온다. 하지만 데려온 삶은 '물건'일 뿐이기에 욕망을 충동질할 뿐 그 자체가 현실로 환원되지 않는다. 물건과 욕망이 함께 부유하다가 현실이라는 벽에 부딪혀 소멸되면, '나'는 다시 다이소로 가서 또 다른 욕망의 허울을 쓴 물건들을 집으로 데려오며 또다시 다른 세계를 꿈꾼다. 이것을 끊임없이 반복한다. 나중에는 그동안 산 물건들을 정리하기 위해 또 다른 물건을 구입하기에 이른다. 물건은 물건을 먹고, 인간을 삼킨다. '나'는 다이소가 제공하는 물건들의 영역 안에서만 자신의 욕망을 확인하고, 또 다른 욕망을 만들어 내고, 혹은 체념한다. 소설은 물건들이 한 인간의 욕망에 개입하여 삶의 양상이 어떻게 변모하는지 끝까지 밀고 나간다.

영완과 다툰 후, '나'가 항상 달려가는 곳은 다이소였고 불같이 일어난 화가 잠잠해지는 곳도 다이소였다. 그런 '나'를 보며 영완은 "야, 너 나 없인 살아도 다이소 없인 못 살겠다"라고 말한다. 이제 '나'에게 다이소는 삶의 희로애락을 함께 나누는 공간이 된다. '나'가 "충동구매를 하는 것은 대부분 어릴 적 향수를 자극하는 연필깎이나 불량식품이라고 폄하되던 쫀드기"와 같은 것들이다. '나'는 쫀드기를 보면서 과거를 회상한다. 다이소는 '나'의 향수를 자극하면서 정말로 '나'가 다이소가 없이는 삶을 유지할 수 없게 만든다.

물건이 스며드는 삶 즉, 물건을 파는 장소와 그 물건이 제거되었다고 해서 인간의 삶이 지속되지 않는다면, 그 삶은 노예적이다. 물건들이 주는 혜택을 누리는 '나'의 모습은 그녀가 물건들로부터 결코 자유롭지 못하다는 것을 말해준다. 달리 말해, 물질의 기반 위에서 작동되는 인간의 삶은 그 뿌리가 얼마나 허약한가를 말해주는 것이기도 하다. '나'가 물건을 사면서 가졌던 희망들은 오롯이 자신의 내면에서 생겨나 기능하는 것이 아니라 손쉽게 사고 언제든지 버릴 수 있는 위험성을 가지고 있다는 뜻이다. 이렇게 물건들은 인간들의 욕망을 충동질하면서 끝까지 살아남는다.

직장에 다니는 '나'는 다이소의 물건들을 고르고 구매하고 사용하면서 자신의 정체성을 형성해간다. '나'에게는 얼마 안 되는 월급이 빠듯하기는 하지만 그래도 어엿한 직장인으로서 삶을 책임지고 있다는 자부가 있다. '나'는 자신도 결혼을 하고 아이를 낳아 키울 수 있는 존재라는 것을 의식 속에 형성하고, 물건들을 소비하는 행위에서 이를 확인한다. '나'는 영완의 친구 집들이에 갔다가 동료 부부가 데려온 아이를 보고 아이를 낳아 키우고 싶다는 욕망과 대면하고 그때부터 다이소 육아용품에 눈길을 돌린다. 이 과정에서 '나'는 아내, 엄마로서 가정을 꾸려 화목하게 살고 싶다는 욕망을 실현시키고자 한다.

하지만 영완의 의식 세계는 '나'와는 달랐다. 영완에게 결혼과 출산은 부모님이 진 빚을 갚느라 허덕이는 자신에게는 상상도 못 할 일이었다. '나'가 아이를 키우고 싶다는 말에도, 그녀가 다이소에서 아기와 관련된 물건들을 사다가 나르는 것을 지켜보면서도 모른 채 하는 것은 영완의 궁핍한 현실을 반영한다. 세상의 잔혹함과 자신의 비참한 현실을 일찌감치 경험한 영완은 이 잔인한 세계의 질서에 말려 들어가지 않는 것으로 그 비참함을 견딘다. '나'와 동거는 하되, 결혼과 출산은 거부하는 것. 그것이 영완이 이 세계를 살아내는 방식이다.

그래서 '나'의 욕망이 "더 나아가는 것은 아예 불가능했다." 그러므로 아기가 생기면 혼인신고를 하자는 '나'의 요구는 아예 성립될 수 없는 것이다. '나' 역시 그나마 유지하는 자그마한 삶의 여유를 아기 때문에 포기하는 것 같아 싫었다. 그 후 이들은 아기 이야기를 꺼내지 않았고 '나'도 전과 변함없이 다이소의 물건들을 고르고, 사들이며 현실과 타협하며 살아간다. 공간을 활용하는 수납함부터, 인형 만들기, 베란다 새싹 키우기 따위의 물건들을 사들이고 "물 주는 것을 잊어버려, 점심시간에 잠시 집에 들를 정도로 식물들에게 애착을 느끼는 놀이"에 행복감을 느껴보려고 하지만 공허함만 커질 뿐이다.

결혼해서 아이를 낳아 키울 수 없는 이런 애매한 상황은 '나'를 이상한 불안감 속으로 몰아넣는다. '나'는 그 불안감에서 벗어나기 위해 아기 대신 개를 키우는데 정성을 쏟는다. 하지만 아기를 낳아 키우는 것이 강아지로 대체될 수 없었다. 영완 또한 아이를 낳아 키우고 싶다는 욕망이 없는 것은 아니었다. 그도 '나'와 결혼하여 남편과 아빠가 되고 싶은 욕망이 있다. 술을 먹고 집에 들어온 영완은 '나'가 다이소에서 사다가 놓은 아기 용품들을 하나씩 던지면서 자신 또한 가정을 이루고 싶은 마음을 드러내기도 한다. '나'가 집에다가 사다 놓지 않았더라면 현실의 벽에 가려 은폐되었을 영완의 억압된 욕망은 물건들을 통해 폭발한다. 현실은 영완의 욕망을 억압했지만, 물건들은 영완의 숨겨진 욕망의 숨겨진 선을 건드리면서, 욕망의 실체와 대면하게 한다.

중요한 것은 물건들이 인간의 욕망을 충동질한다는 문제의식에 있지 않다. 우리가 주목해야 할 것은 그 현란한 충동질 속에서 점차 벌어지는 욕망과 현실 사이의 불균형이다. 인간사회에서 욕망과 현실은 적절하게 조화를 이루고 살아가야 한다는 점은 인류가 합의한 사항이다. 후기 자본주의 시대에서 대부분의 사람들은 욕망의 추구보다는 현실과 타협하면서 살아간다. 정신병원이나 감옥에 갇히지 않으면서 인간이라는 존재를 실감하며 살아가기 위해서는 욕망과 현실의 그야말로 '적절한' 조화가 필요한 것이다.

하지만 소설에서 영완이 느끼는 욕망과 현실은 '적절한 조화' 자체가 불가능한 위계에 놓여 있다는 것을 보여준다. 인간에게 있어 결혼과 출산은 현실의 논리가 개입할 수 없는 근원적인 욕망의 차원에 위치해 있다. 그것은 인간이 가진 가장 기본적인 생의 충동이면서 본능이라는 점이다. 영완이 가난하다는 현실은, 그리하여 결혼과 출산을 할 수 없다는 논리는 자본이 만들어 낸 관념일 것이다. 하지만 소설에서 '나'가 사 온 유아 용품들은 영완의 욕망과 현실을 교묘하게 연결한다. 영완은 물건들을 보면서 인간으로서 자연스럽게 생겨나는 욕망을 확인하는 동시에 그것을 거세해 버린다. 이는 자본의 세계가 얼마나 인간이 가진 가장 시원적인 욕망까지도 끊임없이 건드리고 그 속으로 들어가려는지를 보여준다.

이러한 원리로 현대인들에게 욕망은 계속해서 어쩔 수 없이 생겨나지만, 현실과는 조화할 수 없는 그 무엇이다. 이로써 소설 「물건들」의 '나'와 '영완'은 욕망의 생산자이되, 그것을 실현할 수 없는 '물건'과 다를 바 없는 존재가 된다. 이러한 양상들의 반복은 인간들을 학습시킨다. 그리고 결국은 인간들 인식의 기반을 변화시킨다. 현실이 가난하면 결혼과 출산은 불가능한 것이 되고 이러한 관념은 자연스럽게 현실의 원칙이 된다. 여기에서 물건들은 끊임없이 거세된 인간의 욕망을 환기시키면서 현실을 작동하게 한다. 이런 세계에서 '나'와 '영완'은 욕망을 차단당한 '물건들'로서 사회를 부유한다. 욕망의 생산자이기에 그들은 결코 죽을 수도 없는 '물건들'이다.

물건으로 대체되지 않는 욕망은 물건을 사는 행위로도 대체될 수 없으므로 '나'는 이제 다이소로 발길을 돌리지 않는다. 다이소에서 물건을 사는 것에 흥미를 느끼지 못할 때쯤 '나'와 영완의 사랑도 끝이 난다. 그 둘은 이별을 맞는다. 물건이 만들어 냈던 환상은 결코 현실로 들어올 수 없었다. 아기용품을 사서 모으며 아기를 낳아 키우는 것을 욕망했지만 그것은 "싸구려 물건만으로는 해결되지 않는 부분이 있었으므로" 그 속성을 깨닫는 순간 욕망은 절망이 된다. 이렇게 소설 속에서 물건들은 인물들에게 욕망으로 작용하고, 그것에 도취시키다가, 인물들이 세계를 더 이상 감당하지 못하게 되자 그들을 절망에 빠뜨리고 그 자리를 유유히 빠져나간다. 빈 곳은 다른 새 물건으로 대체된다. 물건이 변한 것은 없다. 단지 인간의 비루한 현실만 반복될 뿐이다.

'나'는 영완이 떠난 다이소의 3층 애견용품 코너에 홀로 남았다. 영완과 처음 만났던 그 장소에서 그들은 헤어졌다. 이제 '나'는 어디로 향해야 하는가. '나'는 다이소에서 물건을 보고, 고르고 사는 행위를 통해 다른 삶으로 나아가길 기대하고 상상했지만, 딱 그 물건이 주어진 한정된 영역 안에서만 자신의 삶을 규정하고, 한계를 그으면서 미래를 꿈꿀 수 있을 뿐이었다. 그 너머를 볼 수 없었고, 그곳으로 건너갈 수 없었다. 결혼을 하고 아이를 낳아 가정을 이루는 온전한 삶에 대한 기대는 그것을 대체할 만한 물건들로는 불가능했다.

'나'에게 도래할 세상은 물건으로 작동하는 관념이 아니라, 진짜 현실로 돌아올 터였다. '영완과 결혼을 하고 아이를 낳아 키우는 일'은 다이소에서 물건을 고르듯 취향에 따라 선택할 수 있는 문제가 아니라, '아이를 낳아 키우기가 힘든 이 세계' 혹은 '그것을 쉽게 상상할 수 없는 이 세계'와 끊임없이 싸우면서 쟁취해 나가야 하는 의식을 통해 형성해야 할 문제인 것이다.

김의경의 소설 「물건들」은 자본주의 사회에서 물건을 소비하는 행위가 인간들의 욕망과 체념, 자의식의 영역까지 교묘하게 침투하여 그것을 간섭하고 조종하여 인간 존재의 지평을 어떻게 축소하는지를 보여준다. 소설은 손쉽게 사서 버리고 바로 다른 물건들로 대체될 수 있는 다이소라는 공간 안에서 이 시대의 청춘들이 싼값에 욕망을 채우고, 그 욕망을 재구성하며, 그

것들을 어떻게 내면화하면서 살아가는지를 구체적으로 보여준다.

김의경은 소설의 결말을 '나'와 영완이 현실의 논리를 받아들여서 '열심히 일하며 행복하게 잘 살았어요'라고 간단하게 봉합해버리지 않는다. 절망의 서사가 희망의 서사로 마무리되지 않는다는 점에서 소설은 현실과 더욱 가까워졌다. 문제는 현실에서 절망을 사유하는 방식이며, 절망이 희망으로 넘어오는 구조에 대한 관찰이며, 절망의 진폭에 대한 인식이다. 그리하여 그 절망이 버틸만한 것인가, 아닌가, '나'와 '영완'은 헤어져야 마땅한가를 끝까지 탐색하는 것이 소설이 비추어야 할 세계가 될 것이다.

김의경의 소설은 현실이라는 자궁에서 끊임없이 태어나는 절망들을 포착하고 그 절망과 관계 맺는 방식의 행로를 보여주었다. 그러나 현재의 절망에 대한 인식이 미래의 절망으로 이어질 순 없다. 따라서 문학에서 절망을 뚫고 나오려는 고투의 과정은 절망 한가운데서 절망의 바깥을 발견하고 그것으로 이내 현실의 폭을 확장하려는 탐색이 되어야 할 것이다.

04 하나의 문장으로 시작하는 소설 읽기

1924년에 발표되어 스콧 피츠제럴드를 세계적 작가의 반열에 올려놓은 소설 『위대한 개츠비』의 첫 대목은 시작부터 독자를 세게 후려친다. 다음을 읽어보자.

"지금보다 어리고 민감하던 시절 아버지가 충고를 한마디 했는데 아직도 그 말이 기억난다. 누군가를 비판하고 싶을 때는 이 점을 기억해 두는 게 좋을 거다. ***세상의 모든 사람이 다 너처럼 유리한 입장에 서 있지 않다는 것을.***"

- 스콧 피츠제럴드, 『위대한 개츠비』

우리가 놓쳤을지도 모르는 이 문장은 소설의 전체 의미를 담고 있다고 해도 과언이 아니다. 이는 개츠비라는 인물에 대해 우리가 가지고 있던 어떤 이미지를 재고(再考)하게 만들기 때문이다. 이를테면 개츠비를 두고 '가난한 농부의 아들로 태어나 성공을 위해 수단과 방법을 가리지 않는 인물이라거나, 동경하던 상류층 여성 데이지에게 모든 열정을 다 바쳤지만 버림받은 어리석은 인물'이라는 단순한 인식이 그것이다. 이런 개츠비에 대한 독자들의 냉소 어린 조롱과 동정은 이제 거두어야 마땅하다고 소설은 말하고 있다. 그 이유는 소설의 첫 문장이 말하고 있듯이 책 속의 개츠비는 "유리한 입장"에 서 있지 않다는 점을 고려해야 한다는 데에 있다. 소설은 말한다. "유리한 입장에 서있지 않은 사람"이 취할 수 있는 생각과 행동이 무엇인지, 우리는 그를 어떠한 시선으로 바라보고 이해해야 하는지를 사유하는 일이 소설에 더욱 가깝게 다가가는 일이라고 말이다.

그렇다면 개츠비가 "유리한 입장에 서있지 않다"라는 것은 무엇을 의미하는 걸까. 그는 태생부터 분명 "유리한 입장"은 아니었다. 부모님은 가난했고, 실패한 농부였다. 그의 부모님은 삶이 궁핍했기에 더욱 부를 동경했을지도 모른다. 게다가 그들은 분명 부에 대한 막연한 환상도 가지고 있다. 돈이 많으면 다른 사람들에게 대접받고, 그래서 삶은 행복할 것이란 환상이다. 그런 부모에게 개츠비가 내려받은 것은 가난이 가져오는 불편함과 타인들의 업신여김이 주는 모멸감, 이 모든 것을 받아들이고 살아가는 일이었을 것이다. 말하자면, 어린 개츠비는 불행 속에서도 일말의 희망을 싹 틔우는 방법을 배우지 못했고, 성공에 대한 강박과 실패했을 때 따라올 좌절감을 자신의 내면에 은폐하는 방법을 먼저 알게 되었다. '불리한 입장에 있다'라는 것은 부(富)의 위계가 주는 삶 이외의 것 즉 행복과 희망을 상상할 수 없는 상태에서 불행의 씨앗을 키워갈 수밖에 없는 상황에 있다는 의미이기도 한 것이다. 개츠비에게 행복의 이미지는 이렇게 왜곡되었고, 행복을 찾는 방법을 배우는 일도 차단되었다. 그래서 행복을 알지 못했고, 희망 없는 삶은 익숙했다.

이렇게 "유리한 입장에 있지 못한 개츠비"가 바라보는 세상은 어떤 모습이었을까? 그는 자신과 같이 불리한 입장에서 아무런 희망도 없이 살아가는 사람들과 태어날 때부터 유리한 위치에 있는 상류층의 사람들을 보면서 중요한 사실 하나를 간파한다. 바로 '돈'으로 철옹성같이 단단한 자신의 불리한 위치를 허물어뜨릴 수 있다는 사실이다. '돈'이라는 것은 참으로 오묘해서 세상의 모든 장벽을 단번에 뛰어넘게 한다는 것을, 재력이 갖춰지면 개츠비의 무의식 속에 감춰진 성공에 대한 강박도 없어질 것이며, 미천한 신분에서 얻는 모멸감도 사라질 거라고 생각한다. 그래서 개츠비는 자신의 보잘것없는 과거를 은폐하고 더 보잘것없는 위치를 돈으로 둘러싼 채 허세를 부린다. 뒤틀리긴 했지만 개츠비에게 '희망'이 생긴 셈이다. 이렇게 개츠비는 자신이 동경하던 상류층의 삶으로 뛰어든다.

하지만 주위 사람들은 알고 있다. 개츠비가 갑작스럽게 번 돈으로 자신들의 흉내를 내고 있다는 것을. 그렇다고 그들이 개츠비의 돈을 마다할 이유는 없다. 매일 밤 개츠비의 집으로 모여들어, 그가 제공한 파티를 즐길 뿐이다. 돈이 있어야 가능한 행복은 허약하기 마련이다. 상류층의 삶이라고 불행이 비켜 갈 리 없기 때문이다. 앞서 언급했듯이, 행복을 알지 못하는 개츠비는 불행 속에서 희망을 싹 틔우는 일은 상상해본 적이 없다. 그래서 '돈'의 포화 속에서 벼락처럼 날아든 불행의 총탄을 맞고 개츠비는 쓰러지고 만다. 상류층 흉내를 내면서 자신이 정말로 상류층이 되었다는 착각, 그 착각에서 깨어나지 않을 때 인간은 스스로 파멸하는 것이다.

거기에는 개츠비의 인정 욕망이 은밀히 숨어 있다. 타인의 인정을 갈망해서 얻는 행복과 돈을 채워야 얻어지는 행복 속에서 개츠비는 점점 파멸해간다. 지친 영혼이 쉴만한 공간 하나 없는 개츠비는 데이지에게 집착하며 그것을 행복이라고 착각한다. 개츠비가 행복에 다가가기 위해 발버둥 칠수록 행복은 멀어질 뿐이다. 그런 의미에서 개츠비의 '부'는 고통의 톱니바퀴를 벗어나지 못한 채 맞물려 돌아가는 쳇바퀴이다.

그렇다면 개츠비가 사랑한 여자 데이지는 어떤가. 데이지는 태어날 때부터 '유리한 위치'에 있는, 존재 자체가 빛나는 여자이다. 그녀는 교양을 갖춘 상류층으로 부자인데다가, 눈부신 미모까지 갖추었다. 태어나면서부터 부유했던 데이지에게 화려함과 성공은 당연했다. 부족한 것 없는 데이지가 자신보다 가난하고, 볼품없고, 못생긴 여자의 세계를 이해하는 일이 과연 가능했을까? 그러한 시도를 하지 않는다면 말이다. 데이지는 타자를 이해하려는 노력을 하지 않는다. 데이지의 인생은 오로지 '자신'만이 최고의 위치에서 빛날 뿐이다. 데이지는 돈으로 점철된 긍정과 희망, 성공의 물레방아를 계속 돌린다. 데이지는 절망과 좌절을 보지 못했고, 화려한 삶 속에서 자신의 위치를 매 순간 높여가는 것을 몸으로 익히게 되었다. 데이지가 '유리한 위치에 있다'라는 것은 삶에서 언제든지 들이닥칠 수 있는 고통과 절망을 상상할 수 없는 상태에서 '자신만의 욕망'만을 키워가는 것이 가능한 위치에 있다는 것을 의미한다. 데이지는 불행을 알지 못했고, 고통 없는 삶에 익숙했다.

이렇게 '유리한 입장'에 있는 데이지가 바라보는 세상은 어떤 모습이었을까? 그녀는 매력적인 외모와 부유한 집안 배경에 이끌려 몰려드는 남자들의 모습에서 중요한 사실 하나를 간파한다. 바로 자신의 젊고 아름다운 외모와 훌륭한 배경이 사라진다면, 자신이 누리는 모든 삶도 물거품처럼 사라져버린다는 것을, 그래서 자신의 조건을 발판삼아 가능한 높은 곳까지 날아올라야 한다는 것을. 자신의 허영을 채워 줄 돈은 자신을 지탱하게 해주는 요소라는 사실 또한 놓치지 않는다. 돈이 있으면 데이지의 무의식 깊이 감춰진 허영의 실체가 밝혀질 일도 없으며, 우아한 삶을 언제까지나 유지할 수 있을 거라고 생각한다. 이런 데이지가 할 수 있는 일은 자신의 아름다움을 최대한 '영리하게' 이용하는 일이다. 비뚤어지긴 했지만, 이것이 데이지의 '희망'이다. 이렇게 데이지는 돈의 포화 속으로 뛰어들어 작렬하게 타오른다. 하지만 주위 사람들은 알고 있다. 데이지의 하는 모든 행동과 말에 돈 냄새가 풍긴다는 것을. 매력과 돈을 내세운 행복은 위험하다. 풍요로운 삶이라도 결핍으로 오는 절망과 고뇌가 비켜 갈 리 없기 때문이다. 데이지는 늙어갈 테고, 돈은 계속해서 빠져나갈 테고, 매력을 잃은 데이지에게 돈을 쓸 남자들은 사라질 테니까.

"그녀는 자기 인생이 당장 그럴듯한 모습으로 자기 앞에 나타났으면 하고 바랐다. 사랑, 돈, 혹은 재고의 여지가 없는 현실 같은 것들이 바로 그것이었고, 그것들은 모두 손만 뻗으면 닿는 곳에 있어야 했다. 그 '다른 무언가'는 봄이 한창인 어느 날, 톰 뷰캐넌의 등장으로 현실화되었다. 그의 자질과 신분에는 묵직한 무게감이 있었고, 데이지는 우쭐한 기분이 들었다. 분명히 약간의 갈등과 또 약간의 안도가 교차했을 것이다."

- 스콧 피츠 제럴드, 『위대한 개츠비』

니체는 "인간은 행복조차 배워야 하는 짐승이다"라고 말했다. 개츠비와 데이지 모두 인생에서 배우지 못한 것이 한 가지씩 있다. 개츠비는 '불행 속에서 희망의 싹을 틔우는 법'을 배우지 못했고, 데이지는 '행복 속에서 고통과 절망을 발견하는 일'을 배우지 못했다. 삶에서 배우지 못하고, 채우지 못한 것은 결핍과 상처가 되어 그대로 자신에게 돌아오고 말았다. 개츠비는 희망이 결핍되었고, 데이지는 절망이 결핍되었다. 그런 의미에서 소설의 결말은 더욱 안타깝다. 개츠비는 죽음을 맞았지만, 데이지는 고통과 절망을 모른 채 계속해서 화려한 삶을 살아갈 것을 암시하기 때문이다. 이 세상은 어쩔 수 없이 '유리한 위치에 있는 사람들'에게 '유리하게' 돌아갈 수밖에 없는 현실이라는 것을 말해주는 것 같아 씁쓸하다.

소설 읽기가 그저 읽기에서 그치는 것이 아니라면, 우리는 소설에서 빠져

나와 소설이 부여한 의미를 우리의 삶과 연결하여 생각해 보는 기회를 마련해야 한다. 소설 읽기를 통해 온전히 살아가는 법을 고민하는 것이다. 『위대한 개츠비』를 통해 알게 된 사실은, 우리가 '유리한 위치'에 있다는 것을 잊지 않고, '불리한 위치'에 있는 사람들의 삶을 외면하지 않는 것이다. '유리한 위치'에 있다고 고통과 좌절을 망각하지 않으며, '불리한 위치'에 있다고 희망의 싹을 틔우는 일을 소홀히 하지 않는 일, 그것이 '유리한 인간들에게 유리하게 돌아가는 이 세상'에서 우리가 할 수 있는 일이 아닐까. 바로 '내 몫의 불행을 온전히 사는 일'이 중요하다는 것이다.

"자신 안에 있는 불행의 몫을 없애버린 이는 누구나 자신의 사형 집행서에 서명한 것이다."

\- 장 보드리야르

---

05 소설 읽기 3단계

● 사실을 말하자면, 소설 읽기에 왕도는 없다. 또 정해진 방법도 없다. 하지만 분명하게 말할 수 있는 것은 소설을 많이 읽는 사람이 상대적으로 적게 읽은 사람보다 더 잘 읽어낸다는 사실이다. 소설 읽기에 들인 시간과 노력의 양에 따라 그 해석의 깊이도 차이가 나는 것은 너무나 자명한 이치이다. 이 점을 강조하면서, 여기서는 소설 읽기의 3단계를 소개하고, 이를 소설 읽기에 어떻게 적용하여 의미를 도출했는지 그 해석의 과정을 보여주고자 한다.

"문학작품의 특성은 명백한 동기에 묶여 있지 않다. 소설은 인물이 어떤 행동을 어떤 이유에서 한다고 이야기하는 법이 거의 없다. 그 대신 그는 독자

스스로가 그 원인을 찾아내고 그 복잡한 내용을 이해할 수 있도록 해줄 일련의 단서만을 제공할 뿐이다. 이것이 복잡하게 뒤얽힌 내용, 즉 인간에게 작용하는 여러 가지 힘의 포착하기 힘든 본성에 대한 상관물을 구성하는 간접적 설명이다."

- 김병욱, 『현대소설의 이론』

소설 읽기 3단계

1단계 : 인지-이해

1단계는 책의 내용을 알고 '이해'하는 단계이다. 이 단계에서는 소설 속에 등장하는 인물의 생각과 행동, 사건을 파악한다. 소설에서 제시한 내용을 근거로 하여 전체적인 내용을 파악하면서 사건과 배경의 앞뒤 맥락을 살피고 이해한다. 여기서 놓치지 말아야 할 것은 독자의 반응을 짐작해 보는 일이다. 소설의 어느 대목이 독자에게 어떠한 감정을 불러일으켰는가를 짚고 왜 그런 반응들이 해당 부분에서 나왔는지를 생각해 보는 일은 인간의 정서를 이해하는 데 도움이 된다. 소설 속 인물에 대해 독자는 다양한 느낌을 갖게 된다. 독자가 반응하는 부분을 살피면 자신이 어떤 부분에 관심이 큰지, 그 감정은 어디로부터 왔는지를 알 수 있으며 이는 인간을 이해하고 나아가 자신을 알게 되는 계기가 된다.

2단계 : 추론-분석

1단계에서 책을 읽고 인물과 사건, 배경의 전반적인 내용을 파악했다면, 2단계에서는 그 과정에서 이해하기 어렵거나, 공감하지 않는 부분에 대해서 '왜'와 '어떻게'를 넣어서 질문을 만들어 본다. 예컨대 한강의 『채식주의자』 주인공 영혜는 왜 갑자기 육식을 거부하고 채식을 하려고 하는가, 영혜는 가족들이 반대하는 상황에서 어떻게 이 상황을 뚫고 나가는가? 와 같은 질문들을 던져볼 수 있다.

그리고 나온 질문들에 대한 자신만의 답을 찾는다. 이 단계는 도출된 내용을 중심으로 그것에 어떠한 의미가 생성될 수 있는지를 상상하고 사유하면서, 은유와 상징, 알레고리와 같은 소설적 장치가 무엇인지 풀어내는 단계이기도 하다. 앞서 나온 질문에 따라 인물과 인물을 둘러싼 외적 상황, 인물이 어떤 문제를 가지고 있고 그것을 어떻게 해결해 나가는지, 방해물은 없는지, 그러한 현상들이 인물에게 어떤 영향을 미치는지를 다각적으로 생각해 본다.

예컨대, 『채식주의자』의 영혜가 채식을 하려고 하는 이유는 육식으로는 그녀가 자신의 목숨을 유지할 수 없다는 데에 있다. 식물이 되려고 하는 그녀는 식물 그 자체이며, 생명을 유지하기 위해서는 물과 햇빛만이 필요하다. 영혜에게 채식은 생존의 문제이다. 그런데 남편과 가족들은 영혜의 채식을 '이기적인 행동'으로 보고, 그녀를 억압하고 심지어 폭력까지 행사하고 있다. 육식하는 인물들은 동물성을 상징하고 있으며, 동물성이 식물성을 억마나 폭력적으로 억압하는지를 은유적으로 보여주고 있다.

3단계 : 해석-의미

전 단계에서 책을 읽고, 내용을 파악하고, 그것이 갖는 은유와 상징을 풀어내기 위해 애썼다면, 3단계는 앞의 두 단계에 대해 독자 자신만의 사유를 만들어 보는 단계라고 할 수 있다. 독해에서 해석으로 나아가는 단계이다. 이를 위해 여기서는 2단계에서 도출된 내용을 우리 현실과 견주어서 생각해 보는 일이 필요하다. 소설에서 말하고 있는 상황들을 우리 현실로 연결하여 생각해 볼 때 무엇이 같고, 무엇이 다른가를 짚어본다. 그리하여 그러한 차이는 어디에서부터 비롯되는지를 생각해 본다. 이 과정에서 이 세계가 가진 문제들이 드러나고, 그 문제들을 해결하는 인간들의 방식들을 알게 될 것이다. 그러면 우리 사회가 앞으로 어떤 방향으로 나아가야 하는지에 대한 나만의 해석을 세울 수 있다. 이렇게 3단계는 인간과 세계에 대한 나만의 사유를 형성하는 단계이기도 하다.

예컨대, 『채식주의자』의 영혜가 동물성이 주는 폭력에 저항하는 식물성을 대표하는 인물이라는 것을 파악해 냈다면, 우리 사회에서 폭력이라고 할 수 있는 것들은 무엇이 있는지 찾아본다. 무력을 사용하여 사람에게 위해를 가하는 것만이 폭력이 아니라, 그것이 폭력인지도 모르고 가해지는 폭력이 있다는 사실을 소설을 통해 확인하게 된다. 이렇게 소설과 현실을 견주어 보고 생각해 본다. 소설에서 육식을 하는 사람들은 동물성을, 채식을 하는 영혜는 식물성을 상징한다. 우리 사회에서 육식을 하는 사람들은 다수이고 채식을 하는 사람들은 소수이다. 영혜의 가족들은 영혜가 채식을 한다는 이유를 들어 그녀를 소외시키고 억압한다. 다수가 소수를 억압하는 상황을 우리 사회에서 찾아보고, 그것을 바라보는 사람들의 시선, 소수자들이 처한 입장과 감정 상태 등을 이 책을 통해 읽어낼 수 있다. 또 영혜는 왜 정신병원으로 갈 수밖에 없었는지, 죽음을 무릅 쓰고 영혜가 말하고 싶은 것은 무엇인지 이 책이 주는 의미에 대해 나만의 해석을 내린다.

[소설 읽기 3단계]

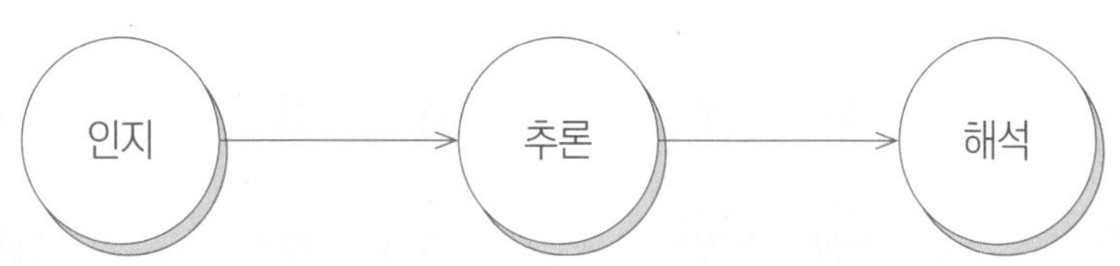

단계	내용	읽기 방법
1. 인지	전체적인 내용 파악하고 이해하기	- 느낌, 감동, 생각해 볼 만한 부분을 표시하기 - 인물의 성격, 사건의 내용과 결과, 소설의 공간적·시간적 배경 등 소설의 전체 내용 파악하기
2. 추론	1단계 내용을 바탕으로 분석하고 추론하기	- 이해가 가지 않는 부분을 중심으로 질문 만들기 - 소설의 내용을 바탕으로 질문에 대한 나만의 답을 추론하기
3. 해석	2단계 내용을 바탕으로 나만의 해석 정리하기	- 2단계에서 도출된 내용을 우리 현실과 견주어 생각해 보기 - 그에 대한 나만의 해석하기, 정리하기

06 『채식주의자』 읽고 해석하기

● 멘부커상을 수상한 한강의 『채식주의자』는 우리 사회에 만연한 '폭력성'에 대해 말한다. 이 책의 출발은 한강의 단편 「내 여자의 열매」이다. 「내 여자의 열매」는 한 여자가 아파트 베란다에서 식물이 되자, 함께 살던 남자가 그녀를 화분에 심는 이야기이다. 한강은 작가의 말에서 언젠가 「내 여자의 열매」에 대한 변주를 쓰고 싶다고 말했다. 그러니까 『채식주의자』의 뿌리는 「내 여자의 열매」에서 온 것으로 어떤 근원으로 돌아가려는 인간이 가진 식물성에 대한 사유가 소설의 출발이라고 볼 수 있다. 『채식주의자』는 표제작인 「채식주의자」, 「몽고반점」, 그리고 「나무 불꽃」, 세 편의 중편소설로 구성되어 있다. 세 이야기 모두 영혜가 주인공으로 등장한다. 영혜를 중심으로 「채식주의자」는 남편, 「몽고반점」은 형부, 「나무불꽃」은 언니가 서술 화자로 등장하고 있다.

영혜는 비참하게 죽어가는 개에 대한 연민과 아버지로부터 받은 폭력에 대한 기억과 상처를 품은 인물이다. 이 둘은 영혜가 채식을 선택하는 이유가 된다. 소설은 영혜의 무의식에 있던 이 상처들이 폭발하여 드러나는 과정을 보여주고 있다. 무의식이란 무엇인가. 그것은 인간에게 내재되어 있으나 자신이 의식하지 못하는 영역이다. 왜 의식하지 못할까? 그것은 의식이 용인할 수 없는 혹은 하기 싫은 기억이기 때문이다. 하지만 의식하고 싶지 않다고 해서 있었던 기억이 없어지지는 않는다. 기억하기 싫은 그 기억은 무의식으로 침투해서 숨어 있다가 어떤 계기가 촉발되거나 했을 때 돌아온다. 영혜가 육식을 거부하고 채식으로 돌아가려는 것은 무의식에 잠재된 폭력에 대한 기억의 상처를 회복하기 위한 행동으로 읽을 수 있다. 「채식주의자」는 "아내가 채식을 시작했다"라는 문장으로 시작하는데, 그녀의 남편이 화자가 되어 아내가 변해가는 모습을 관찰한다. 소설은 그녀의 남편을 통해 억압된 상처가 어떻게 돌아오는지를 자세히 보여주고 있다. 독자가 읽어내야 할 부분도 이 부분이다. 소설에서 영혜가 어떤 모습으로 변해가는지를 그녀의 말과 행동을 통해서 알 수 있다. 또한 그 억압이 돌아오는 과정에서 다양한 방식으로 영혜를 또다시 억압하는 요인들과 그 억압을 맞닥뜨리고 넘어가려는 영혜의 시도를 읽을 수 있다.

자, 그럼 소설 속으로 천천히 들어가 보자. 어린 시절 영혜의 아버지는 기르던 개를 종종 잡아먹었다. 어느 날 아버지는 오토바이 줄에 개를 매달아 달린다. 개는 죽을힘을 다해 뛰다가 다리에 힘이 빠져 질질 끌려다니고 곧 죽음을 맞이한다. 죽어가는 개와 영혜는 눈이 마주친다. 아버지가 오토바이에 개를 매달아 끄는 이유는 그렇게 해야 고기의 육질이 연하고 맛있어지기 때문이다. 오토바이에 질질 끌려다니다가 죽은 개를 식구들이 먹는 모습을 보고 영혜는 인간의 폭력성에 대해 어떤 잔인함을 느낀다. 물론 이러한 야만성을 가족 모두가 느끼는 것은 아니다. 영혜의 언니나 남동생은 아무렇지도 않게 아버지가 잡은 개고기를 맛있게 먹는다. 그러니까 영혜는 언니나 남동생과는 달리 타인의 고통(그 대상이 개라고 할지라도)을 마치 자신의 고통처럼 느끼는 인물이다. 영혜는 다른 사람들이 잘 느끼지 못하는 세밀한 고통을 느끼고 그래서 섬세하고 예민하며, 인간이 도달할 수 있는 영혼으로 가까이 다가가 있는 인물이다. 작가는 인터뷰에서 『채식주의자』를 통해 인간의 폭력성에 대해서 말하고 싶었다고 했다. 이러한 문제의식을 확장해 본다면 이런 질문을 던질 수 있다. "인간들의 폭력적인 야만성이 다른 인간들을 어떻게 바꾸어 놓는가?", "폭력적인 야만성이 도처에서 출현하는 이 세계에서 최소한의 인간다움을 지키고 살아간다는 것은 희망적인가?"

그렇다면 위에서 나온 질문에 대한 그 대답을 찾아보도록 하자. 먼저 소설은 동물성과 식물성으로 인물들이 상징화되어 있다. 동물성을 상징하는 인물들은 영혜의 가족과 남편이고 식물성을 상징하는 인물은 영혜이다. 동물성을 가진 사람들은 식물성을 가진 영혜를 소외시키고 억압한다. 「채식주의자」에서는 영혜의 남편 '나'가 동물성을 가진 인물이다. '나'는 영혜가 채식을 하겠다는 선언을 도저히 이해할 수 없다. '나'가 가지는 영혜에 대한 불만은 영혜의 행동이 자신에게 주는 불편함에서 시작한다. 영혜가 채식을 하든지 말든지 그것은 자신과 큰 상관이 없지만, 그로 인해 자신이 먹고 싶은 고기를 못 먹고, 회사 생활에서 체면이 안 서거나, 부부동반 모임에서 영혜가 고기를 거부한 것으로 인해 자신이 승진에서 누락되는 것과 같은 일들은 용납하기 어렵다. '나'는 영혜를 이기적인 인물로 몰아붙이면서 그녀의 가족들에게 아내의 '고기 단절'사건을 일러바치지만 그녀의 가족들 또한 육식성에 길든 사람들로 남편과 같이 영혜를 이기적인 인물로 몰아간다. 결국 '나'는 자신에게 쓸모가 없어진 영혜와 이혼을 하고 그녀를 떠난다.

여기서 잠깐, 영혜라는 인물에 대해 생각해 보자. 영혜는 어떤 인물인가? 영혜가 육식을 거부하는 선택을 한 이유는 단순하지 않다는 데에 있다. 영혜가 채식을 선택한 이유는 생존을 위해서였다. 영혜는 채식을 하지 않으면 죽을 수밖에 없는 식물성을 가진, 식물 그 자체인 존재로 상징화되어 있다. 영혜는 이기적이어서가 아니라 오로지 살아남기 위해서 육식을 거부하고 채식을 고집하고 있는 것이다. 육식을 하면 영혜가 목숨을 잃는다는 설정은 영혜의 가족들이 영혜를 대하는 태도 즉, 인간이 가진 폭력성의 극단을 실험하기 위한 것이다. 나아가 이것은 인간의 폭력성을 더는 참아낼 수 없는 인간의 한계를 그리고 있다. 가족은 영혜를 계속해서 죽음의 문턱으로 몰아붙인다. 문제는 가족이 영혜의 채식주의를 생존의 문제로 보는것이 아니라는 데에 있다. 무감각한 가족들이 영혜의 아픔과 고통을 알 리가 없다. 영혜의 가족들이 보여주듯이 인간이 인간에게 가하는 폭력은 타인의 고통을 읽어내지 못하는 무감각에서 비롯된다고 볼 수 있다. 가족들은 지금껏 그래왔듯이 계속해서 영혜에게 수긍과 인정, 인내를 암묵적으로 강요한다. 하지만 가족들의 요구는 영혜가 받아들일 수 없는 것들이다. 영혜가 받아들일 수 없는 것들을 강요하는 가족들의 폭력성은 한 인간을 끝내 죽음으로 몰고 간다.

왜 채식을 하느냐는 가족들의 추궁에 영혜는 "꿈을 꿨어"라고 알 수 없는 말을 한다. 소설에서 발화를 잃는 영혜는 독백으로 자신의 세계를 열어 보인다. 책에서는 이탤릭체로 서술된 부분이다. 영혜는 꿈을 통해 자신이 왜 채식을 할 수밖에 없는지를 설명한다.

"난 무서웠어. 아직 내 옷에 피가 묻어 있었어. 아무도 날 보지 못한 사이 나무 뒤에 웅크려 숨었어. 내 손에 피가 묻어 있었어. 내 입에 피가 묻어 있었어. 그 헛간에서, 나는 떨어진 고깃덩어리를 주워 먹었거든. 내 잇몸과 입천장에 물컹한 날고기를 문질러 붉은 피를 발랐거든. 헛간 바닥, 피 웅덩이에 비친 내 눈이 번쩍였어."

위와 같이, 알 듯 모를 듯 속삭이는 듯한 영혜의 말은 그녀의 무의식에서 이끌려 나오는 말이다. 무의식에서 이끌려 나온 말들은 당연히 의식적인 사고방식을 가진 '나'와 형부를 비롯한 그녀의 가족들이 이해할 수 없는 말이다. 무의식은 이해할 수 있는 영역에 있는 게 아니기 때문이다. 주목할 점은 영혜가 알 수 없는 말을 하는 것이 가족들이 그녀를 '미쳤다'라고 판단하는 근거가 된다는 점이다. 가족들은 의식, 동물, 근대, 이성, 논리, 지배, 육식으로 상징화되고, 그에 따라 영혜를 규정하고 자신들의 틀에 부합하지 않는다는 이유로 영혜를 억압한다. 가족들이 이러한 요소들로 똘똘 뭉칠 때 엄청난 집단의 힘을 발휘하며, 그 집단의 힘으로 개인의 특질들은 짓밟히고 부정당하며 죽음을 맞이할 수 있다는 엄중함이 읽힌다. 가족들과 달리 영혜는 무의식, 식물, 탈근대, 감성, 종속, 채식으로 상징화되고 있다.

그나마, 「몽고반점」에서 영혜는 그래도 조금 숨통이 트인다. 영혜의 형부는 아내를 통해 동생 엉덩이에는 지금까지 '몽고반점'이 있다는 이야기를 전해 듣는다. 형부는 영혜의 엉덩이의 '몽고반점'을 상상하며 어떤 근원적인 욕망이 샘솟아 오르는 것을 느낀다. 몽고반점이란 태어날 때 생기는 퍼렇게 멍든 점으로 성장하면서 없어지는 점이다. 이 몽고반점이 영혜에게 남아있다는 것은 영혜가 생명의 원초적 순수함을 성장한 뒤에까지 가지고 있다는 증거이다. 예술가인 형부의 눈에 육식을 거부하며 죽음을 무릅 쓰고 온몸으로 원초적 순수함으로 돌아가려는 영혜가 어찌 아름다워 보이지 않을 수 있을까. 예술을 추구하는 형부의 눈에는 영혜의 몸, 영혼이 그야말로 위대한 예술 그 자체가 되는 것이다. 영혜의 엉덩이에 남아있는 몽고반점은 순수와 원시성의 상징이다. 형부는 자신의 아내에게서는 순수의 영혼을 느끼지 못한다. 하지만 형부는 영혜가 가지고 있는 감각과 함께 현실에 찌든 세계가 아닌 그 너머의 세계로 돌아가려는 영혜에게 예술적 영감을 얻는다.

형부가 영혜의 몸에 꽃을 그려 넣고 후배와 영혜가 교접하도록 이끄는 것은 하나의 온전한 예술 작품을 만들고 싶은 욕망에 기인한다. 형부는 예술가가 아니면 볼 수 없는 심미안으로 영혜의 몸과 영혼의 아름다움을 포착해

내어 감각하고 그것을 예술로 표현해내려고 하는 것이다. 예술에 대한 욕망은 영혜에게 느끼는 성적 욕망과 미묘하게 섞이면서 나중에는 구분이 불가능하게 된다. 예술과 에로스의 합체로 완벽한 가상의 예술세계를 구현하고 싶은 형부는 영혜와 격렬한 섹스를 나눈다. 이들에게 사회에서 정한 도덕과 윤리의 경계는 무너져 내린다. 예술이 포착하려는 것이 바로 '위계의 경계 없음' 아니던가. 동물과 식물의 경계 없음, 인간과 식물의 경계 없음, 그곳이 보여주는 순수의 지점이 작가가 보여주려는 세계이다. 놀라운 점은 이 과정에서 영혜가 치료되고 있다는 사실이다. 원시성으로의 회복이 영혜가 도달하고자 하는 곳이니 당연한 결과이다. 형부의 예술적 감각이 영혜에게 밀착해 갈수록 영혜는 꿈도 꾸지 않고 몸에 살이 오르면서 정상적인 대화도 가능하게 된다.

하지만 '의식의 세계'에 머물러 있는 언니에게는 '무의식과 예술의 세계'를 넘나드는 이들의 행동은 정신병자의 행동일 뿐이다. 「나무 불꽃」에 이르러 언니는 둘이 함께 있는 현장을 목격하고 구급차를 불러 그 둘을 정신병원으로 각각 후송한다. 파국의 시작이다. 영혜는 정신병원에서 살기 위해 죽음에 가까이 다가간다. 앞의 부분을 잠시 복기해 보자. 영혜는 육식을 하면 안되는 인물이다. 영혜가 살기 위해 나무처럼 물구나무를 서는 모습에서 인간의 폭력성에 맞서는 눈물겨운 투쟁이 읽힌다. 「나무불꽃」은 인간이 가진 폭력성과 욕망으로 한 인간이 죽음으로 치닫는 과정을 끝까지 추적해서 보여준다. 나무가 되기 위해 물구나무를 서는 영혜의 행동은 갇힌 현실 속에서 인간이 주는 야만으로부터 탈주하려는 극렬한 몸부림으로 읽을 수 있다.

언어를 잃은 영혜는 몸으로, 정말로 자신이 식물이 된 것처럼 말한다. 그런 의미에서 '영혜'라는 인물은 작가의 상상력에 의해 새롭게 태어난 인물이다. 영혜는 폭력에 맞서 끝까지 싸우는 인간이다. 인간이 쳐 놓은 경계를 끊임없이 걷어내면서 그것을 넘어서려는 인물이다. 새로운 인간형의 창조와 참혹한 고투의 과정을 탁월하게 보여주었다는 것이 이 책의 놀라운 성취이면서 멘부커상을 탄 하나의 이유가 아닐까 생각한다.

07 소설 읽기의 매혹

소설 읽기가 가져다주는 매혹 중 가장 큰 하나는 '재미'일 것이다. '재미'란 독자가 소설을 읽을 때 경험하는 '쾌'(快)라는 즐거운 정서적 느낌 중 하나이다. 아무리 훌륭한 소설이라 하더라도 '재미'를 놓치면 독자에게 읽히지 않을 것이다. 소설가들이 작품을 쓰면서 '재미'를 놓치지 않으려는 이유도 이 때문이다. '재미'를 느끼는 정도는 사람마다 다를 수 있지만, 인간이 느끼는 공통의 재미는 있다.

그렇다면 독자는 소설을 읽으면서 언제 '재미'를 느낄까? 여러 가지 중에 하나를 간단히 말하면, 소설을 읽으면서 '무엇인가'를 새롭게 '알아볼 때'이다. 독자는 소설을 읽으면서 그에 걸맞은 사람이나 상황을 자연스레 떠올린다. 대부분은 자신의 경험 그리고 기억과 관련된 내용들이다. "이거 완전 내

얘기네", "이걸 보니 그 사람이 떠오르는군.", "이건 시대만 바뀌었지, 지금이랑 똑같은 상황이네"와 같은 반응들이다. 독자는 이렇게 소설 속 상황과 현실을 연결 지으면서 소설이 무엇을 가리키는지 끊임없이 알아내려 하고, 그것이 무엇을 지시하는지를 알게 되거나 혹은 그 의미를 이해하게 되면, 소설을 읽는 '재미'를 느낀다.

모험심이 강하고 순수한 열정을 간직한 사람을 보고 독자는 쉽게 세르반테스의 소설에 등장하는 '돈키호테'를 떠올리고, 이상하리만치 엉뚱하고 기이한 사람을 보면 왠지 모르게 허먼 멜빌의 소설의 주인공 '바틀비' 같다고 말한다. 독자는 의식적이든 무의식적이든 소설에서 가리키는 인물이나 상황들이 현실에서 무엇과 비슷하고 다른지 알아채기 위해 노력한다. 그러다가 그에 들어맞는 것을 찾아내면 입꼬리가 살짝 올라가게 된다. 이렇듯 독서에서 느끼는 첫 번째 '재미'는 무엇을 '알아보는 즐거움'이다. 이것을 더욱 발전시키면 소설에서 '재미'를 느껴볼 수 있다.

그렇다면, 독자는 소설이 가리키는 것이 무엇인지 어떻게 알아보는가. 여기에는 약간의 훈련된 내공이 필요하다. 골프나 당구, 낚시를 즐기려면 먼저 그 방법을 배워야 하듯 소설을 읽고 제대로 즐기기 위해서는 먼저 훈련이 필요한 법이다. 소설 읽기에서 '재미'는 독자가 적극적으로 찾아 나설 때 얻을 수 있다. 적극적인 독서는 해당 작품을 더 흥미롭게 한다.

예를 들어보자, 니콜라이 소설 「코」에는 어느 날 느닷없이 자신의 코를 잃어버려 허둥대는 하급 관리 꼬발료프가 나온다. 꼬발료프는 영문도 모른 채 자신의 코를 찾기 위한 온갖 노력을 기울이는데, 그 모습이 우스꽝스럽기도 하고 한편으로는 측은해 보이기도 한다. 어쨌든, 우리는 독자의 적극성을 발휘하여 이 소설 읽기의 '재미'를 찾아보자.

이를 위해서는 먼저 사람에게 '코'는 어떤 의미로 존재하는지, 사람에게 '코'가 없어졌다는 것은 무엇인지 생각해 볼 필요가 있다. 인간에게 '코'는 얼굴 중심부에 위치하면서 그 사람의 외적 이미지를 좌우하는 중요한 신체의 일부이다. 실제로 소설에서 꼬발료프도 코를 잃어버리고 난 후에는 모든 사교모임에 참석하지 못하게 된다. 자신의 모습이 창피했기 때문이다. 외출할 때도 손수건으로 얼굴을 가린 후에야 밖에 나갈 수 있었다.

하지만 '코'는 인간에게 분명 중요한 존재이지만, 그렇다고 생명을 좌우할 만큼 꼭 필요한 존재는 아니다. '코'가 없어도 인간이 목숨을 유지하는 데는 아무 지장이 없기 때문이다. 한마디로 인간에게 '코'가 없으면 조금 불편할 뿐이지 살아가는 데는 별다른 문제가 없다.

그렇다면 소설에서 표현되는 '코'가 우리의 삶에서 가리키는 것은 무엇일까? '인간의 중심부에 위치하면서 살아가는 데 중요하기는 하지만 반드시 필요하지 않은 것은?' 여러 가지로 대입해 볼 수 있겠지만, 여기서는 '자아'나 '신념', '정체성'으로 요약해 볼 수 있다. 가령, '코'를 '신념'이라고 생각해 보자. '신념'이란 한 사람이 살아가는데 중요한 가치관이지만, 살아가는 데 그런 '신념'이 꼭 필요한 거라고는 볼 수 없다. 그런 '신념'이 없어도 인간은 먹고, 자며 살 수 있다.

다시 소설로 돌아와 보자. 꼬발료프는 자신의 '코'를 찾아 낮이나 밤이나 거리를 헤매고 다닌다. '코'를 '신념'이라고 읽는다면, 꼬발료프는 지금 자신의 잃어버린 '신념'을 찾아 헤매고 다니는 셈이 된다. 인간에게 '신념'이라는 것은 밖에서 찾을 수 있는 것이 아니다. 이렇게 소설은 꼬발료프의 어리석은 행동을 통해 우리가 생각하는 '신념'의 정체를 드러내어 보여준다. 여기에서 또 다른 읽기를 시도해 본다면 다음과 같은 질문을 던질 수 있을 것이다. '인간에게 신념은 무엇인가?', '신념은 어떻게 만들어지는가?', '신념을 갖기 위한 노력은 무엇이 있을까?' '우리도 꼬발료프처럼 자신의 신념을 엉뚱한 곳에서 찾고 있는 것은 아닌가?'

마찬가지로 소설 속의 꼬발료프 또한 '코'가 없어도 살아가는 데 전혀 지장이 없다는 점이다. 꼬발료프를 치료해주려는 의사도 그에게 이렇게 말한다. "사실 코가 없어도 있을 때나 매한가지로 건강엔 전혀 지장이 없습니다." 그러니까 굳이 애써서 코를 찾지 않아도 된다는 의미이다. 그런데 코가 없어진 사실을 알고 마치 자신의 전부를 잃어버린 양 찾아 헤매는 꼬발료프의 모습은 우리에게 많은 시사점을 던져 준다. 그것은 내가 살아가면서 정말 중요하다고 생각했던 것들이 알고 보니, 그렇게 중요한 게 아닐 수 있다는 자각과 그런데 왜 그렇게 그 대상을 얻기 위해 노력하는지에 대한 인식이다.

"아름다움을 느낀다는 것은 무엇일까. 결국 그 내용을 이해한다는 것이다.

우리의 감각이 깨어나는 건 편견 없이 바라보고, 한발 더 나아가 '적극적으로 이해하려고 할 때'이다. 다가가지 않는데 어떻게 수용 교육이 생기겠는가. 사람들은 미적 감각을 특별한 능력처럼, 타고난 재능처럼 생각하는 경향이 있다. 오히려 반대다. '알아야 보인다'는 말은 '다가서야 느끼고, 경험해야 보인다'로 바꿀 수 있다."

- 윤광준, 『심미안 수업』

소설을 읽고 그것이 무엇을 지시하는지 알게 되면, 소설을 이해하게 되고, 그것을 이해하게 되면 소설 읽기에서 재미와 감동을 얻게 된다. 그 재미와 감동은 사물을 보는 우리의 눈을 깊게 만들고 다른 예술작품을 보고 읽는 감수성도 키워줄 것이다. 이렇게 소설 읽기는 인간에게 지적인 '재미'를 안겨주는 최고의 행위이다.

08 부끄러움은 배울 수 있는가

알베르 카뮈의 소설 『페스트』에는 타루라는 인물이 '부끄러움'을 회상하는 장면이 나온다. 그는 어린 시절에 한 인간이 총살당하는 사형집행 현장에 있었던 기억을 의사 리유에게 들려준다. 그리고 무기력하게 그 사형집행을 보고만 있었던 사실이 너무도 '부끄러웠노라'로 고백 한다. 자신의 침묵이 "간접적으로 그 살인에 동의한 것"임을 깨달았기 때문이다. 아주 오래전의 일이었지만, 이 '부끄러움'은 시간이 지나도 타루의 가슴에서 지워지지 않는 상처로 남게 된다.

"오랫동안, 나는 부끄러워했어요. 아무리 간접적이라 하더라도, 또 아무리 선의에서 나온 것이었다 하더라도 나 역시 살인자 측에 끼어들었다는 것이 정말 부끄러웠습니다. (…) 나는 여전히 부끄러웠고, 우리들 모두가 페스트 속에 있다는 것을 깨달았습니다."

- 알베르 카뮈, 『페스트』

사형집행 현장에 '단지' 있었다는 사실 하나로 평생 부끄러움을 안고 살아가는 타루라는 인물을 통해 카뮈는 '부끄러움'이 무엇인지 설명한다. 카뮈에게 '부끄러움'이란, 먼저 '부끄러움'이 무엇인지 모르는 상태를 의미한다. '부끄러움'을 느끼지 못하는 사람은 타인을 죽음에 이르게 했다는 죄책감도 전혀 느끼지 못한다. 카뮈에게 위험한 것은 전염성 높은 '페스트'병균이 아니라, 사람들이 무엇이 '부끄러움'인지 모르고 하는 행동들이다. 소설에는 역병이 돌아 사람들이 죽어 나가는 절체절명의 순간에도 묵묵히 자신이 할 일을 하는 소수의 사람들이 있는가 하면, 자신의 안위만을 위해 이기적으로 행동하는 다수의 사람들이 나온다. 그리고 페스트라는 혼돈의 상황 속에서 죽어가는 사람들을 구하는 쪽은 묵묵히 자신이 할 일을 하는 소수의 사람들이다. 그들은 인간이 마땅히 알아야 할 '부끄러움'을 아는 사람들이었다. '부끄러움'을 모르고 자신만을 위한 삶을 살았던 인물들은 자신도 타인도 아무도 구하지 못한다는 것을 소설은 보여주고 있다.

"인간이 위대한 행동을 할 수 있다는 것을 압니다. 그렇지만 만약 그 인간이 위대한 감정을 품을 수 없다면 나는 그 인간에 대해서 흥미가 없습니다. (…)

인간은 오랫동안 고통을 참거나 오랫동안 행복해질 능력이 없습니다. 그러므로 인간이란 가치 있는 일은 아무것도 할 수 없습니다."

- 알베르 카뮈, 『페스트』

나는 이렇게 문학을 통해 수많은 '부끄러움' 중에서 하나의 '부끄러움'을 배운다. 우리가 느껴야 할 '부끄러움'의 폭이 이렇게나 넓다는 것을 인식하게 된다. '부끄러움'을 알지 못하는 인간이 타인에게 끼칠 악영향에 대해 배운다. 그리고 '부끄러움'을 느끼는 사람이 마땅히 가져야 할 윤리에 대해 생각한다. 이 소설이 아니었더라면, 타루가 느끼는 종류의 '부끄러움'이 무엇인지 끝까지 몰랐을 것이다. 소설은 이렇게 세상에서 잘 배울 수 없는 것을 배울 수 있게 해주는 기회를 마련해준다. 소설은 내가 '모르는지 조차 몰랐던 것'을 알려주는 역할을 한다.

09 좋은 질문을 만드는 일

질문을 하는 행위는 인간만이 가진 유일한 능력이다. 어떤 동물도 자신이 보고 느낀 것에 대해 질문하지 않는다. 그저 받아들일 뿐이다. 인간은 질문하고 답하면서 인류 역사를 발전시켜왔다. 마찬가지로 앞으로의 세상도 질문하기를 통해 만들어갈 것이다. 이렇듯 질문하는 일은 더 나은 세계를 상상하고 직접 만드는 일과 같다. 새로운 것을 생각한다는 점에서 질문하는 일은 창의적 사고의 핵심을 이룬다. 질문을 던져야만 새로운 세상에 대한 윤곽을 그려볼 수 있는 것이다.

그렇다면 인간은 언제 질문을 던질까. 바로 호기심이 일거나 '궁금한 점'이 있을 때이다. 인간은 자신이 잘 알고 있거나 익숙한 것에 대해서는 질문하지 않는다. '내가 잘 알지 못하는 것, 처음 접하는 낯선 것'이 있을 때 인간은 비로소 질문을 한다. 미지(未知)의 세계는 늘 인간의 관심을 끌기 마련이다.

질문을 만드는 일은 다음의 세 가지 의미를 지닌다.

1. 인식 행위
2. 사유 행위
3. 표현 행위

먼저, 질문을 만드는 일은 **'인식 행위'** 중 하나이다. 질문을 던져봄으로써 인간은 자신이 무엇을 알고, 무엇을 알지 못하는지 확인할 수 있다. 질문을 던지는 일은 자신의 지(知)와 무지(無知)가 지도의 어느 위치에 있는지 그 좌표를 알려준다. 자신이 무엇을 알고, 무엇을 모르는지 알아야 제대로 된 질문을 할 수 있다. 따라서 질문은 그 사람의 지(知)적 상태를 알려주는 지표라 할 수 있다. 질문의 내용과 수준에 따라 질문을 발전시킬 수 있다.

두 번째로, 질문을 만드는 일은 **'사유 행위'**이다. 인간은 질문하기를 통해 고도의 지적 능력을 갖출 수 있다. 질문이 던져지면 인간은 어쩔 수 없이 해답을 찾아 나서야 한다. 인간은 질문만 던지지 않는다. 질문하면서 그 해답도 함께 생각한다. 그리고 더 좋은 해답을 찾기 위해 생각하고 골몰한다. 질문에 대한 해답을 찾아가는 여정이 바로 사유하는 행위이다. 인류 역사에서 나온 훌륭한 사유들은 바로 질문에 대한 답의 결과물이다.

질문은 기본적으로 기존의 통념이나 관습, 제도와 체제에 대한 의심이나 회의를 품고 있다. 무엇인가 문제가 있다는 의식에서 질문은 시작한다. 지금 세상이 아무런 문제가 없고, 훌륭하고 행복하다면 질문은 나오지 않는다. 그러므로 질문이란 근본적으로 변화에 대한 욕구와 열망의 표현이라 할 수 있다. 그러므로 질문은 변화를 추구한다.

마지막으로 질문을 만드는 일은 '**표현 행위**'라고 할 수 있다. 인간에게 있어서 자신의 생각과 감정을 언어로 표현하는 일은 굉장히 능동적이고 주체적인 행위이다. 자신이 스스로 질문을 만들어 내는 일이기 때문이다. 인간은 자신의 생각과 감정을 표현하면서 자존감을 드높일 수 있으며, 타인이 그것을 인정해 줄 때 만족감과 안정감을 느낄 수 있다. 또한 행복감을 느낀다. 인간은 질문하기를 통해 자신의 존재를 확인하고 인정한다.

'질문하는 능력'은 태어나면서 자동적으로 갖춰지는 능력이 아니다. 인간은 질문을 던지지 못하는 존재로 태어난다. 갓 태어난 아기는 질문하지 못한다. 질문하는 방법은 배워서 익혀야 하는 훈련이다. 최초의 질문을 다듬어서 좋은 질문으로 발전시키는 훈련이 좋은 질문을 만드는 능력을 키우는 일이다.

소설 재미있게 읽는 법

01. 낯익은 미래, 숨겨진 폭력 _「동일한 점심」, 편혜영

02. 도착하지 않은 죽음에 관하여 _「저녁의 구애」, 편혜영

03. 싹수를 자르거나, 유예시키거나 _「못」, 정미경

04. 권태가 지나면 환멸이 온다고 _「내 아들의 연인」, 정미경

05. 삶에 대해 묻지 않았다 _「산책자의 행복」, 조해진

06. 우리가 작별을 고할 때 _「사물과의 작별」, 조해진

07. 나만이 나를 회피할 수 있다 _「그 남자의 리허설」, 정이현

08. 너의 불행이 나를 행복하게 한다 _「안나」, 정이현

09. 그렇게 '엄마'는 어미가 된다 _「칼자국」, 김애란

10. 논리가 지녀야 할 윤리, 탐색 _「서른」, 김애란

11. 사소한 죽음과 중대한 삶 _「화장」, 김훈

12. 내면의 먼 안쪽과 대면하기 _「언니의 폐경」, 김훈

13. 불행한 일은 어떻게 보통의 일이 되는가 _「보통의 시절」, 김금희

14. 견디다가, 받아들이다가, 응시하게 되는 그 시간 _「너무 한낮의 연애」, 김금희

15. 인간밖에 안 되는 주제에 _「쇼코의 미소」, 최은영

16. 오래도록 남겨지는 일 _-「미카엘라」, 최은영

17. 결핍이 부족해 _「겨울방학」, 최진영

18. 더 나빠지고 싶지 않아 _「돌담」, 최진영

19. 통각의 상실 _「회복하는 인간」, 한강

20. 언제가 끝인지만 알 수 있다면 _「작별」, 한강

4장.

한국 현대 단편 소설 깊이 읽기

한국단편
01

낯익은 미래, 숨겨진 폭력

편혜영, 「동일한 점심」

● 여기 어제와 구별되지 않는 오늘을 살아가는 남자가 있다. '그'의 삶은 어제와 오늘이 동일하다. '그'는 어제와 같은 시각에 일어나, 어제 탔던 지하철을 타고 출근하여, 동일한 장소에서 일을 하다가 어제와 다를 것이 없는 점심을 먹는다. '그'는 "고속도로에서는 늘 규정 속도를 준수하고 갓길 운행 같은 것은 하지 않으며, 차는 정기적으로 점검을 받고 조금만 이상하면 당장 수리를 맡기는 사람"이다. 「동일한 점심」에 등장하는 '그'의 삶은 이렇게 안정적이고 평화롭다.

'그'의 삶은 늘 똑같이 반복된다. 그래서 처음이라는 단어는 '그'에게 낯설다. 늘 익숙한 것들로 채워진 '그'의 삶에 '처음'이라는 단어가 어울릴만한 일은 일어나지 않기 때문이다. 이런 '그'에게 어느 날 굉장히 낯선 일이 '처음으로' 발생한다. 지하철역에서 열차에 몸을 던져 죽는 남자를 목격하게 된 것이다. 그 충격적인 투신 현장을 보고 난 이후 '그'의 삶은 온통 '처음' 있는 일들로 채워진다. '처음'으로 자신의 눈앞에서 죽은 사람을 봤고, 그 때문에 '처음' 직장에 지각했다. 난생 '처음' 생긴 일들은 '그'를 심장이 흔들릴 정도로 허둥거리도록 만들었다. 하지만 '그'는 이내 평정심을 되찾았고, 정오가 되자 어제처럼 동일한 점심을 먹었다. 이제 걱정할 일이 없었다. 뒤통수를 강타했던 강렬한 충격은 반복되는 일상에 묻혔고, '그'는 다시 어제와 같이 살면 되었다.

그러나 한 남자의 죽음을 목격한 이 경험은 '그'의 삶에 미세한 균열을 일으키기 시작한다. 그 일이 있고 난 후, '그'는 좀처럼 하지 않는 실수를 하고, 사내의 죽음을 떠올리는 등 어제는 하지 않았던 일들을 오늘 하게 된 것이다. 안정적인 일상으로 덮어지지 않는 그 미세한 균열의 정체는 무엇일까. 열차에 뛰어든 남자의 참혹한 시신을 본 후, '그'는 아무렇지도 않게 어제와 같은 모습으로 오늘을 살아가는 사람들이 이상하게 느껴졌다. "사고가 수습된 후 사람들은 열차를 타고 누군가가 깔려 죽은 레일을 지나 직장으로 갔을 것이다. 누군가의 숨이 허망하게 끊어졌고 몸이 잘게 바스러져 한낱 얼룩으로 스몄는데도, 그럼에도 아무것도 달라지지 않았다."

‘그’는 ‘내가 열차에 뛰어든다고 해도, 별안간 참혹한 시신의 모습으로 돌아온다고 해도 사람들은 어제와 다를 것 없는 오늘을 살아갈 것’이라는 생각에 이른다. 이제야 ‘그’는 사람의 마음과 행동이 ‘아무렇지도 않다는 것’, ‘어제와 다르지 않다는 것’, ‘익숙한 것’들이 얼마나 섬뜩한 일인가를 알게 된다. “결코 이전과 같을 수 없음에도, 아무것도 달라지지 않는다”라는 것은 대상이 누구이든지 간에 그 자체가 무서운 무관심이고 상처가 아닐까. 작가는 이렇게 ‘동일한 삶’이 유발하는 섬뜩함을 사내의 죽음이라는 사건으로 보여주고 있다. 이것은 우리 사회가 안고 있는 무관심과 냉정함의 한 단면이다.

안온하고 편안한 삶, 어제와 동일하게 아무 문제 없이 작동되는 삶에도 폭력과 상처는 존재한다. 이 숨겨진 잔인함에 관심을 기울이지 않는다면, 누군가가 달려오는 열차에 목숨을 던지는 일이 매일같이 일어나도 누구도 눈 하나 꿈쩍하지 않는다면, 그 세계는 그 자체로 지옥이다. 이런 질문을 던져보자. 내가 사는 이 사회가 지옥이어도 상관없느냐고. ‘나와 상관없다’라는 말은 이렇게 무섭고도 참혹한 말이다.

해석을 위한 질문

「동일한 점심」, 편혜영

Q1 대학교 복사실에서 일하고 있는 주인공 '그'는 매일 "같은 시간에 같은 자리에 앉아 전날과 별반 다르지 않은, 거의 같다고 할 수 있는 밥을 먹습니다." '그'의 삶은 어제와 오늘이 구분되지 않고 거의 동일합니다. 이렇게 주인공의 삶은 한 치의 흐트러짐 없이 지독히도 규칙적입니다. 여러분의 삶에서 동일하게 반복되고 있는 일은 무엇이 있습니까?

Q2 소설은 "점심은 늘 같은 것으로 먹었다"라는 문장으로 시작합니다. 그리고 소설의 마지막도 "물을 마신 후 천천히 밥을 먹기 시작했다"로 끝맺고 있습니다. 소설의 처음과 끝은 주인공 '그'가 동일한 장소에서 어제와 다를 것 없는 밥을 먹는 것으로 끝나는데요. 이렇게 소설의 처음과 끝이 동일한 행동은 어떤 의미를 지니는지 상상해 봅시다.

한국단편
02

도착하지 않은 죽음에 관하여

편혜영, 「저녁의 구애」

● 편혜영의 소설 「저녁의 구애」에 나오는 김의 일상은 지루하다. 꽃집을 운영하는 그의 하루는 그저 무덤덤하게 지나간다. 그래서일까. 김은 "당장 자신이 서 있는 땅 밑이 갈라진다고 해도 조금도 두렵지 않았다." 김에게 지진과 같은 일은 "먼 땅 어딘가에서 쉴 새 없이 벌어지는 전쟁 얘기나 다름없었다. 김에게는 화원의 꽃이 팔리기도 전에 시들어 죽거나, 누군가 돌을 던져 화원의 유리를 깨뜨리고 도망가는 게 전쟁이나 지진보다 더 불운이었다." 그래서 이와 비슷한 이유로 "김은 한 번도 죽음을 진지하게

생각해 보지 않았다" 김에게 "탄생은 지나간 일이었고 소멸은 먼 미래의 일일 뿐"이었기 때문이다.

김은 사귀고는 있지만 만나는 여자에게서도 지루함을 느낀다. 김이 보이는 냉담함에 비례하여 여자는 늘 그를 그리워한다. 여자는 김이 관심을 주면 기뻐하며 반색하고 이별의 기운을 감지하면 서둘러 전화를 끊는다. 김은 이제는 지루해진 여자 친구를 떠올리며 어떻게 하면 그녀에게 상처를 주지 않고 관계를 끊을지를 생각한다.

이런 김에게 어느 날 10년간 연락이 없던 친구가 불쑥 전화를 걸어온다. 친구는 김에게 다짜고짜 두 사람이 예전에 알고 지냈던 어른이 돌아가실 것 같다는 소식을 전하고는 그 장례식장으로 화환을 보내 줄 것을 부탁한다. 김에게 어른의 생명이 위독하다는 사실은 화환의 비용을 누가 치를 것인지 보다 중차대한 문제는 아니었지만 김은 "죽어가는 이와 관련된 비용을 흥정하는 것이 박정하게 여겨졌으므로" 그 비용에 관련해서는 묻지 않는다. 그리고 '김'은 장장 남쪽으로 380킬로미터 떨어진 도시에 위치한 장례식장에 도착한다. 하지만 김은 그 어른이 아직 숨을 거두지 않았음을 확인한다. '산 사람'에게 부의(賻儀)를 표할 수는 없는 노릇이었기에 김은 어른의 죽음을 기다리기로 한다. 그러나 그 기다림의 시간 속에서 김은 삶에 대한 낯선 의미들과 대면한다. 낯선 도시에서 맞이하는 아직 도착하지 않은 죽음이 그것이다.

익숙한 공간을 떠나 낯선 도시로 오자, 김은 자신이 떠나온 익숙했던 공간의 삶을 낯선 시선으로 보게 된다. 늘 자신의 사랑에 목말라 있는 여자친구를 다시 생각해 보게 된 것이다. 낯선 도시에서 기다리는 것이 누군가의 죽음이듯, 김에 대한 사랑을 기다리는 여자에게 김이 보여주는 냉담함은 예고된 이별 통보일 것이다. 낯선 도시에서 노인이 죽음을 기다리듯, 여자친구 또한 불안한 마음으로 자신의 이별 통보를 맞게 될 것이라는 생각을 하게 된 것이다. 이렇게 여자친구가 느끼는 고통을 김은 비로소 낯선 도시에서 죽어가는 사람을 기다리면서 알게 된다. 삶에 대한 귀한 질문은 지루함을 한 발짝 벗어나야 해볼 수 있는 것인지도 모른다.

그래서일까. 김은 국도변을 지나가다 “김이 모는 것과 같은 종류의 트럭”이 불길에 휩싸여 있는 것을 목격하고 그 불빛을 바라보다가 뜬금없이 여자에게 전화를 걸어 마음에도 없는 사랑 고백을 한다. 여자에 대한 마음이 진심인지 거짓인지는 중요하지 않다. 김은 그저 불타는 트럭에서 빠져나오지 못하는 운전자가 바로 자신이라고 느꼈고, 조금이라도 빨리 그곳을 빠져나오고 싶었다.

그러나 이제 불길에서 빠져나와 안전해진 ‘나’는 천천히 생각해 볼 것이다. “진심과 상관없이, 여자의 마음과 상관없이, 그는 두려움이 점지해 준 고백 때문에 곧 부끄러워질 것이며 어떤 말도 돌이킬 수 없어 화가 날 것이고 그 말이 불러온 상황과 감정을 얼버무리려고 애를 쓸 것이며 그럼에도 당시 마음에 인 감정의 윤곽이 무엇인지 헤아릴 것”이다. 그것은 죽음이 두려워

죽음이 오기도 전에 먼저 스스로를 소멸시켜버리는 행위가 아닐까. 아직 죽지 않은 사람의 장례를 치르기 위해 그 사람의 죽음을 애타게 기다리는 '나'의 행동처럼 그것은 어처구니없는 일이다. 이 소설은 이렇게 두려움 앞에선 인간이 느끼는 불안한 내면 심리를 세밀하게 형상화한다.

해석을 위한 질문

「저녁의 구애」, 편혜영

Q1 편혜영의 「저녁의 구애」는 누군가의 죽음을 기다리다가 자신의 죽음과 소멸에 대해서 생각해 보는 남자의 이야기입니다. 여러분은 자신의 죽음에 대해서 진지하게 생각해 본 적이 있나요?

Q2 김은 국도변에서 불타는 트럭을 보면서 불쑥 여자에게 마음에도 없는 사랑 고백을 합니다. 우리도 평소 이렇게 자신의 마음과 다른 행동을 한 경험이 있을 텐데요. 여러분은 이런 김의 행동을 어떻게 보셨습니까?

한국단편
03

싹수를 자르거나 유예시키거나

정미경, 「못」

● 정미경의 「못」은 '사랑과 이별' 이야기로도 읽을 수 있겠지만, '욕망'에 대한 이야기로도 읽을 수 있다. 소설은 금융회사를 다니다 해고당한 공과 마트 가전제품 판매원 금희의 만남과 이별을 그리면서, 공과 금희가 각각 추구하는 욕망의 모습을 세밀하게 보여준다. 그에 따라 인생은 연기(煙氣)와 같다는 것을 담담히 써 내려간다. 소설은 공과 금희가 만나 동거를 하는 것으로 시작하는데 이들의 만남과 이별은 모두 서로 다른 각각의 '욕망'에서 비롯된다는 사실이 흥미롭다.

공은 욕망을 향해 진력하는 인물로 그려진다. "무언가를 끊임없이 쫓으며 살아가는 공이 원하는 것은 인정과 안정"이다. 여기서 공이 바라는 인정은 타인으로부터 시작된다. 공은 타인으로부터 받는 인정으로 자신이 어떤 존재인지 가치를 매기고 심리적 안정감을 느끼는 존재이다. 따라서 공에게 필요한 존재는 공보다 우월한 사람이어야 했다. 공의 가치를 매길 수 있는 존재여야 했기 때문이다.

공이 자신보다 못한 왠지 "안쓰러워" 보였던 마트 가전제품 판매원 금희를 좋아한 이유도 여기에 있다. 공이 보기에 "저지르지 않은 잘못에 대해 용서를 비는 듯한 그녀 특유의 발성"은 비굴해 보였다. 공은 그녀 앞에서는 자신감이 생겼다. 공의 욕망을 채워 줄 존재는 "체온이나 마음을 나눌 사람이 아니라 그 앞에서 잘나 보이고 싶은 어떤 대상"이었다. 금희는 이런 공의 조건에 들어맞는 사람이었다. 금희는 공이 그 능력을 인정받기 위해 온갖 노력을 기울이지 않아도 되는 편한 존재였고, 바로 그 점이 공이 금희를 사랑하게 된 이유가 되지만, 역설적으로 금희는 공의 '인정욕망'을 채워줄 수 없는 사람이므로 공과 금희의 이별은 예고된 것이었다.

타인의 인정을 갈망하는 공에게 무엇보다 중요한 것은 '타인이 자신을 어떻게 판단하는가'라고 할 수 있다. "음향탐지기 수준의 청력"은 항상 타인의 시선을 의식하는 공에게 자연스럽게 발달된 능력이다. 이처럼 공의 욕망은 타인에 의해서 조절되는 왜곡된 욕망이다. 공은 자신의 이름처럼 욕망으로 똘똘 뭉쳐 끊임없이 굴러간다. 눈꺼풀이 파르르 떨리는 틱 증상이 나아지지 않는 이유도 바로 공이 빗나간 욕망으로 자기 자신을 몰아붙이기 때문이다. 따라서 공이 이런 욕망의 폭주를 멈추지 않는다면 타인에게 인정받지 못해서 오는 불안은 '유예'될 뿐이고, 공이 그것을 깨닫지 못하는 한 그 '불안'은 반복될 것이다.

그렇다면 금희는 어떠한가. 그녀는 능력으로 사람의 존재 가치를 평가하는 인물이 아니다. 공이 얼마나 탁월한 능력을 발휘하여 돈을 잘 버는지에 대한 여부는 금희에게 중요하지 않다. 새 직장을 얻은 공은 금희에게 "출근하게 된 것도 좋지만 그냥, 나란 사람을 알아준 게 너무 기뻤어. 사마천이 그랬잖아. 여자는 자신을 사랑하는 사람을 위해 화장을 하고 남자는 자신을 알아주는 사람을 위해 목숨을 바친다고. 나를 알아주는 게 너무, 너무 기뻤다니까?"라고 자신의 인정 욕망을 채워줄 것을 바라지만, 타인의 시선으로 욕망을 채우지 않는 존재인 금희는 그저 영혼 없는 맞장구를 쳐줄 뿐이다.

이처럼 금희는 타인의 시선에 아랑곳하지 않는 한곳에 정박해있는 '못'과 같은 인물이다. 박혀서 움직이지 못하는 것이 '못'의 숙명이다. 금희는 항상 자신의 자리를 지키며 제게 주어진 삶의 '몫'만을 담담히 살아낸다. 금희는 "모아놓은 돈도 없고 앞으로 크게 벌 일도 없으면서 애면글면"이 없는 사람이다. "주유소 알바를 할 때, 젊은 커플이 나란히 앉아 세차하는 걸 부러워" 하는 금희의 "욕망은 대체로 이 정도"선에서 그쳤다. 옷을 사러 가서 두 개의 옷을 저울질하다가 그냥 "둘 다 주세요."하는 인물이 금희이다.

그러나 이렇게 옴짝달싹 '못'하고 주어진 운명에 순응하는 것이 "미리 내려놓음으로써 불안의 싹수를 자르는 방식"이라면 이야기는 달라진다. "어느 쪽을 선택해도 크게 달라질 건 없다고 생각하는 삶"은 누구를 만나든, 무슨 일을 하든, 무엇을 하든 크게 다르지 않은 삶이 된다는 의미이기 때문이다. 금희의 삶은 "별문제 없어 보이는" 삶이다. 그렇다면 '불안의 싹수'를 미리 잘라버리는 방식은 '불안을 유예'하는 삶과 무엇이 다른가.

따라서 소설은 인생이란 무릇 연기(煙氣)와 같다고 말하는 듯하다. 금희의 개명 전 이름 '영기'는 '연기'로 들리기도 하는바, 타인의 인정을 얻기 위해 자신을 위장하며 삶을 연기(演技)하는 공과 결국은 삶은 소멸할 것이기에 불안의 싹수를 잘라버리는 연기(延期)와 같다고 생각해 버리는 금희처럼, 이 모든 것은 연기(煙氣)처럼 육안으로는 보이나, 손에 잡히지 않는 그 '무엇'인지도 모른다. 보이는데 잡을 수 없고, 잡을 수 없는데 계속 눈앞에서 아른거리는 그것이 인생일까. 중요한 것은 이 모두가 겉으로는 '연기'로 읽힌다는 사실이다.

해석을 위한 질문

「못」, 정미경

Q1 잘나가던 금융회사에 다니는 공은 불미스러운 일로 회사에서 해고를 당하고 결국 아내와도 멀어져 집을 나와 혼자 살아갑니다. 공은 마트 가전제품 판매원 금희와 사귀게 되고 함께 살기 시작합니다. 이후 다시 직장을 잡게 되자 공은 금희에게 이별 통보도 없이 그녀를 떠나는데요. 여러분은 공이 금희를 떠난 이유가 무엇이라고 생각하십니까?

Q2 소설 속에 나오는 단서를 통해 금희는 어떤 사람인지 말해봅시다.

- 얘는 모아놓은 돈도 없고 앞으로 크게 벌 일도 없으면서 애면글면이 없어. 공과 밥을 먹거나 주유소라도 들르면 금희는 곧잘 제 카드를 내밀었다.
- 금희는 미리 내려놓음으로써 불안의 싹수를 자르는 식이었다.
- 금희는 자신의 생에서 내년 여름이라는 시간이 100퍼센트 있을 거라는 그 확신이 놀라워 그녀들을 한동안 바라보았다.

「못」, 정미경

Q3 소설 속에 나오는 단서를 통해 공은 어떤 사람인지 말해 봅시다.

- 공은 잠시도 쉬지 않고 떠들어 댔다.
- 공의 청력은 음향탐지기 수준이다.
- 공은 자신의 욕망에 전력으로 매달림으로써 불안을 유예하는 쪽이었다.
- 공에겐 마음을 나눌 사람이 아니라 그 앞에서 잘나 보이고 싶은 어떤 대상이 필요한 게 아닐까 싶을 때가 있다.

Q4 소설의 마지막에 공은 예전에 세차장에서 금희가 했던 "다음, 다음이란 건 없어"라는 말을 떠올립니다. 우리 삶에서 이 말이 필요할 때는 언제인지 생각해 봅시다.

한국단편
04

권태가 지나면 환멸이 온다고

정미경, 「내 아들의 연인」

「내 아들의 연인」의 화자 '나'는 남부러울 것 없는 삶을 사는 '부잣집 사모님'이다. 그녀의 일상은 매일 아침 자수성가한 남편과 무탈하게 장성한 아들이 집을 나가고 난 후 백화점과 마사지숍을 번갈아 들르며 편안하고 여유 있는 삶이 주는 평화로움과 권태로움, 그로 인해 생겨난 피로감을 달래는 시간 들로 채워진다. 한가로운 그녀에게 어느 날 아들의 여자 친구 도란이라는 존재가 끼어들면서 '나'의 삶에는 미세한 균열이 생기기 시작한다. 컨테이너에 살 정도로 가난한 도란이에게서 '나'는 자신의 속물적인 모습을 발견하게 된 것이다.

그 균열은 '나'의 조용하고 편안한 삶을 깨는 어떤 불편함을 동반한다. '나'가 이제까지 구축해온 세계는 '안정적 삶'이 보장되는 세계였다. 싱그러웠던 젊은 시절 그녀가 "명백히 가난하고, 재수해봤자 괜찮은 대학을 가긴 어려울 것 같은 비전이 보이지 않는 남자"를 버리고 지금의 남편을 선택한 이유는 전자를 택했을 때 닥쳐올 수 있는 불안 때문이었다. 아직 도착하지는 않았지만, 곧 도착할 것 같았기에 '나'는 불안한 남자의 미래에서 미리 하차해버렸다. 그리고 그보다 안전하게 자신을 목적지까지 데려다줄 남자의 차에 올라탔다. 그것은 "결혼이라는 벤처"에 대한 과감한 투자였고 그 결과는 성공적이었다. 그 성공은 곧바로 삶의 여유와 안정을 제공했고 그런 삶은 지금까지 지속되고 있다. 그러나 그 '과감한 선택'은 반복되는 안정감에 딸려오는 권태감까지 막아내지는 못했다. 그 대가는 컸다. 무엇보다 '나'는 "피곤하지는 않으나 생기는 없는, 아무 갈망이 없는 연기처럼 흐릿해져 버린" 자신의 모습과 대면하는 일이 점점 더 두려워졌다.

그런 '나'에게 도란이는 "권태로운 여행지에서 디지털카메라를 들고 있다 우연히 찍게 된 유에프오 같은 존재"였다. 도란이는 제게 주어진 삶을 당당히 뚫고 나가는 대담하고, 그래서 존재가 빛나는 아이였다. '나'는 손수 뜬 목도리를 선물로 내미는 도란이의 행동에 마음이 아련해졌고, 도란이를 보면 "뱃속까지 뭔가가 뭉글뭉글 피어나면서 따뜻해지는 기분이 들었다." 도란이는 저 너머의 세계에 있는 아이 같았다. 도란이가 구축해 가고 있는 세계는 남자 친구의 성공 가능성으로 결혼을 타진해 보는 세계가 아니었다. 도란이는 "현실을 있는 그대로 받아들이면서도" 섣부르게 절망하지 않고, "삶을 자유롭게 유영"하면서도 자신만의 존재를 지킬 줄 아는 아이였다. 말하자면, 아직 오지 않은 '불안' 따위 때문에 현재의 '안온함'이라는 선택을 허용하지 않았다. 도란이의 세계는 두려움은 있을지라도, 적어도 권태감과 그것이 주는 환멸감 따위는 존재하지 않았다. '나'의 눈에는 이렇게 자신과 다른 세계를 구축해 가는 도란이가 어찌 매력적인 존재로 보이지 않을 수 있을까.

그러나, 도란이를 좋아한다고 해서 '나'가 섣부르게 도란의 세계로 건너갈 수는 없는 일이었다. "현실의 네트워크 속에서 그저 그대로 존재하기 위해서는 누구의 공감도 끌어낼 수 없음을 알고 있기에 침묵해야"만 했다. 삶이 주는 안정감은 이렇게 생각보다 견고했다. 그것은 누군가가 아파트 주차장에서 낸 접촉사고로 엉뚱한 사람이 피해를 받는 과정에 대한 진실을 모두 알고도 침묵하는 '나'의 행동과 닮아있다. 지금의 삶을 유지하려면 '침묵'해야만 하는 것이다.

이렇게 '나'는 안정감에 너무 익숙해져 버렸으므로 자연스럽게 권태에도 길들어져 버렸다. 도란이의 세계를 엿보고 그로 인해 자신의 삶에 약간의 균열이 생기기는 했으나, 그렇다고 자신의 삶을 바꾸어버릴 만큼은 아니었다. 그러므로 '나'의 세계는 전과 같이, 현재도, 미래에도 비슷하게 굴러갈 것이다. 불안은 부재할 것이고 그래서 권태는 삶의 일부분으로 더 단단해질 것이다. 누가 그랬던가, "권태가 지나면 환멸이 온다고." 이렇게 '나'가 보여주는 단단한 인식의 작동방식은 자세히 들여다보면 소름이 끼칠 정도로 섬뜩하다.

여기에서 '나'에게 필요한 것은 '이외의 세계' 즉, '나'가 갇혀 있는 '바깥의 세계'에 대한 상상력이 아닐까. '나'에게 아직 도란이의 세계를 넘어다 볼 수 있는 힘이 남아있으면 좋겠다. '이외의 세계' 너머를 그려볼 수 없다면 우리는 끝내 현실의 "황폐함"에 갇혀 자신에게 끊임없는 저주를 퍼부을지도 모르기 때문이다. 권태가 지나면 환멸이 온다. 그래도 괜찮은가, 라고 소설은 묻고 있다.

해석을 위한 질문

「내 아들의 연인」, 편혜영

Q1 정미경의 「내 아들의 연인」은 부잣집 사모님 '나'가 아들의 가난한 여자 친구를 알게 되면서 자신의 속물적 허위의식을 들여다보는 이야기입니다. 현대인들이 가진 속물성, 어떤 것들이 있을까요?

Q2 도란이는 남자친구 현이가 주는 호의를 거부합니다. 서운함을 나타내는 현이에게 도란이는 "그래, 넌 울트라 부잣집 아들이구나"라고 쏘아붙이는데요. 이는 현이와 도란이의 관계를 멀어지게 하는 미묘한 파열로 작용합니다. 여러분은 도란이와 현이의 이별 이유가 무엇이라고 생각하시나요?

한국단편
05

삶에 대해 묻지 않았다

조해진, 「산책자의 행복」

● 라오슈에게 이제 "하나의 세계는 끝이 났다." 대학 철학 강사로 20년 가까이 일했던 대학을 그만두면서 그녀는 편의점 알바를 시작한다. 하지만 얼마 안 가서 "결국 개인파산을 신청하고 기초생활수급자가 되기 위한 절차를 밟는다." 라오슈에게 세계가 다시 열릴 수 있다는 희망은 없어 보였다. 조해진의 「산책자의 행복」은 이렇게 생의 어느 한 지점에서 느닷없이 나락으로 떨어져 버린 지식인의 고통과 좌절을 그린다.

라오슈는 대학 강사였으므로, '듣는 사람'이 아닌 '말하는 사람'에 가까웠다. 그녀는 학생들에게 '희망'이 가득 찬 말을 주로 했다. 그녀는 학생들에게 줄곧 "생존은 해결하되 세상이 인정하고 우대해주는 직업에 연연해하지 말라고, 눈 가린 말들처럼 정해진 트랙을 달릴 필요 없다고, 속된 세계로의 편입을 선택하지 않는 자유를 지키는 한 어떤 형태의 가난 속에서도 인간으로서의 품위를 지킬 수 있다"라고 확신에 찬 목소리로 말해왔다.

이런 라오슈의 말을 학생들은 대체로 잘 들어주었으나, 중국에서 온 유학생 메이린만은 아니었다. 메이린은 라오슈의 인생과 죽음에 대한 언어들에 대하여 항의했다. "아니요, 손을 뻗어도 만질 수 없고 머리를 맞댄 채 웃으며 이야기할 수도 없는 거예요. 그냥 끝이라고요. 끝, 아무것도 없고 되돌릴 수도 없는 것. 아시겠어요?" 공감은 했지만, 그게 다였다. 라오슈에게 '희망'은 관념과 추상 위에서 존재했으므로 메이린이 하는 말도 허공에 떠돌았다. 그녀는 '말하는 사람'이었으므로, 자신을 벗어난 말들이 어떤 작용을 하는지 알 수 없었다. 그러나 메이린은 '듣는 사람'이었다. 메이린은 갑작스러운 죽음으로 친구를 잃었고, 그가 남기고 간 말들을 끊임없이 되새기는 사람이었다. 메이린은 그 아픈 말들을 삼켰고, 그 자신에 머물게 했다.

뒤늦게, 라오슈는 "입과 거주지를 국가에 의탁해야 하는" 처지가 되고 나서 자신이 그동안 했던 말들이 "선생으로서의 존재와 신념을 모두 부인하는 배교자의 언어"였다는 것을 아프게 깨달았다. 삶을 알지 못하는 추상의 언어들은 모두 쓰레기로 전락했다. 라오슈는 현실의 언어를 몰랐다. 이렇게 라오슈는 바닥에 떨어지고 나서야, 삶이 주는 균열을 감지했으며 이제야 고통을 담은 언어로 삶에 대해 물을 수 있게 되었다.

따라서 그녀에게 잘못이 있다면, 그동안 삶에 대해 관념과 추상이 아닌 현실의 언어로 묻지 않았다는 사실이다. 그녀는 그동안 보이지 않고, 잡히지 않는 언어들로 삶의 전투를 치르다 보니 제대로 싸워보지도 못하고 무참히 패배한 셈이 되어버렸다. 허한 말들은 삶이라는 전쟁터에서 유용한 무기가 되어주지 못했다. 그렇게 "하나의 세계는 끝났지만" 그것은 또 다른 세계의 시작이라고 라오슈는 믿고 싶다.

라오슈는 외친다. "살고 싶어, 미치도록 살고 싶어." 라오슈에게 '닫힌 세계의 끝'과 '열릴 세계의 맨 앞'의 지점은 같다. 그렇다면 우리는 이 이야기를 읽고 스스로에게 어떤 질문을 던질 수 있을까. 그러니, 묻자. '당신들의 세계는 어떠하냐고', '관념과 추상으로 가득 찬 세계의 언어와 현실에서 생겨나는 언어의 간극을 어떻게 좁힐 수 있느냐고', '세계는 닫혀있는데, 언제 열릴지 알 수 없는데, 언제 또 무시로 닫힐지 모르는데, 그래도 살아야 하느냐고, 왜 그래야 하느냐'고 말이다.

해석을 위한 질문

「산책자의 행복」, 조해진

Q1 조해진의 「산책자의 행복」의 주인공 라오슈는 20년 가까이 해오던 대학 강사 일자리를 잃고 편의점에서 일자리를 얻어 생활하지만, 늘어나는 어머니의 병원비와 빚 때문에 결국 파산 신청을 하고 기초생활 수급자가 되기 위한 절차를 밟습니다. 라오슈는 깊은 절망감을 느끼는데요. 라오슈가 이러한 인생의 파고를 경험하며 알게 된 점은 무엇일지 말해봅시다.

Q2 우리 주변을 둘러봅시다. '하루하루 열심히 살지만, 점점 더 나락으로 빠지는 듯한 느낌'을 주는 사례가 있을 텐데요. 이에 대해 우리가 보고 느낀 바를 나눠 봅시다.

Q3 독일로 유학을 간 라오슈의 제자 메이린은 산책을 즐깁니다. 그녀는 산책을 하는 동안 했던 경험들과 떠오른 생각들을 라오슈에게 편지로 보내지만 라오슈로부터 답장은 한 번도 오지 않습니다. 라오슈는 강사로 살면서 산책을 즐길만한 여유가 없었는데요. 여러분이 경험한 산책은 어떠한가요? 그 느낌이나 생각을 나눠 봅시다.

한국단편
06

우리가 작별을 고할 때

조해진, 「사물과의 작별」

● 여기 한 남자를 잊지 못해 평생 애달파하는 한 여자가 있다. 조해진의 「사물과의 작별」에서 고모로 등장하는 그녀가 잊지 못하는 남자는 30여 년 전 아버지가 청계천에서 운영하는 레코드판 가게에 손님으로 온 서 군이다. 서 군은 재일조선인으로 평소 막연히 동경해오던 고국에서 법학 석사학위를 따기 위해 입국한 유학생이었다. 하지만 1971년 그 당시 한국의 대학은 "시위와 휴교가 반복"되는 혼란스러운 상황이었다. 서 군은 아무 일 없었던 듯이 혼자만 "교정에서 책을 읽는 것 자체가 거대한 부채

감으로" 느껴졌기에 시간이 나면 청계천의 레코드 가게에 들러 음악으로 마음을 달래곤 했다.

그 무렵 서 군은 갈 곳 없는 고향 친구를 그의 하숙집에 기거하게 해주었는데, 나중에야 그 친구가 조총련과 접선해왔다는 사실을 알게 된다. 체포령이 떨어졌고, 서군은 경찰이 언제 하숙집에 들이닥칠지 모른다는 불안 속에서 문제가 될 만한 서적들은 모두 태워버리고 자신이 쓴 원고 하나는 '나'의 고모를 찾아와 맡기고 사라진다. 이후 연락이 끊긴 서 군에게 원고를 전달하기 위해 고모는 K대학을 찾아가고 그곳에서 조교라고 생각한 청년에게 아무런 의심 없이 서 군의 원고를 넘긴다. 보름 정도 후에 언론을 통해 서 군이 일본 간첩단 조직의 일원으로 체포되었다는 소식을 접한 고모는 자신이 전달한 그 서류가 서 군을 체포하는데 결정적인 증거가 되었다고 생각하고 서 군에게 "용서할 수 없는 죄 덩어리"가 되었음을 자책한다.

그러나 그 당시 "고모의 추측대로 그 원고가 불온한 내용이고 기관원에게 흘러 들어가 또 다른 증거물이 되었을 수도 있지만, 그 모든 건 진실이 아니었다." 나중에 출간된 서 군의 에세이를 보면 고모가 그 원고를 젊은 청년에게 넘기기 이전에 벌써 서 군은 이미 체포되었다고 나오기 때문이다. "어쩌면 고모는 자신의 잘못을 믿고 싶어서 믿어버린 건지도 몰랐다. 악역으로라도 그의 삶에 개입하고 싶었을 고모의 마음"을 우리는 어떻게 이해할 수 있을까. 고모는 그렇게 명확하지 않은 사실을 진실로 만들어 버리고 그 견고한 영토 안에서 평생을 살아왔다. 고모의 외로운 삶에 대한 명확한 이유는 고모가 서 군을 사랑했다는 점이 전부이다. 이런 고모의 사랑은 서 군이 부재한 상태에서 서 군의 이미지만을 사랑한 실체가 없는 사랑이었다.

그 상상력의 힘으로 고모는 30년이 흐르는 세월 동안 결혼도 하지 않고 서 군만을 생각하며 살아왔다. 그 당시 고모는 서 군이 다른 누구도 아닌 자신에게 원고를 맡겼다는 것이 "순수하게 기뻤다." 단 한 번의 데이트와 국수를 먹은 기억이 '사랑'의 전부였지만, 서 군은 늘 고모의 가슴에 살아있는 사랑과 회한, 미안함의 대상이었다. 하지만 그 '사랑'은 고모 혼자만의 사랑이었다. 서 군은 감옥에서 나온 뒤, 일본으로 건너가 공부를 마치고 대학교수가 되었고, 결혼하여 딸을 낳고 단란한 가정을 꾸렸다.

이제 고모는 초로의 나이로 접어들어 알츠하이머 진단을 받고 하던 일을 정리한 상태이지만 서 군에 대한 사랑과 미안함은 여전히 가슴 속에서 살아남아 있다. 이런 고모를 안타깝게 바라보는 '나'는 딱 한 번만 그들을 만나게 해주기로 하고 고모를 서 군이 있는 병원으로 데려간다. 서 군 또한 근육이 굳어가는 병을 앓고 있었으며, 인공호흡기에 의지해 생명을 연장하는 환자였다. 서 군을 만난 고모는 정작 서 군을 앞에 두고 엉뚱한 사람에게 성큼성큼 걸어가서 쇼핑백을 건네면서 "미안하고 또 미안했습니다. 전부 다 잊어주세요"라고 말한다. 쇼핑백 안에는 양말과 비누, 수건과 담요가 들어있었다. "서 군의 한 시절을 망쳤다는 그 근거 없는 죄책감은 끈질기게 고모를 상상의 법정으로 끌고" 갔고 그런 고모의 인생은 이제 망각의 저편으로 넘어가 버렸다.

유실물 센터에서 일하는 '나'는 사랑하는 사람에게 배제된 채 살아온 고모의 삶이 주인 없이 방치된 '유실물'과 다를 바가 없다는 생각에 이른다. '나'는 그동안 수많은 '유실물'들을 봐왔다. 누군가의 손때가 묻은 유실물들은 주인이 나타나기를 기약 없이 기다리다 1년 6개월이라는 보관기간을 채우면 결국 소각되어버리고 만다. 그 유실물들처럼 고모도 이제 "한 개인에게 귀속되지 못하고 망각 속으로 침몰해야"하는 지점에 다다랐다. 그렇다면 이런 고모의 삶은 아무런 의미를 갖지 못하는 것일까. "쓰레기통에 버려진 뒤 매립되거나 소각되는 하나의 사물"처럼 인간의 삶도 아무런 의미 없이 소멸되고 마는 것일까.

소설 「사물과의 작별」은 어느 한 사람을 최선을 다해 그리워하면서 기다리는 한 여자의 일생을 덤덤하게 보여준다. 그 여인이 어떻게 그럴 수 있었는지를 섬세한 필치로 전달한다. 덕분에 독자는 '그리움'에 대한 감수성 하나를 더 얻을 수 있게 된다. 소설을 읽는 일이란 이런 것이다. 감수성을 풍부하게 만드는 것, 잘 느끼고 감동하는 감각을 만드는 것, 감탄을 자아낼 줄 아는 법을 배우는 것.

해석을 위한 질문

「사물과의 작별」, 조해진

Q1 조해진의 「사물과의 작별」은 한 남자에 대한 절절한 사랑, 미안함과 후회로 평생을 고통 속에서 살아가는 한 여인을 중심으로 펼쳐지는 이야기입니다. 여러분은 이런 사랑을 어떻게 생각하십니까? 각자의 생각을 나눠봅시다.

Q2 서 군은 한 노동자의 분신자살 사건 이후, 청계천에서 시체가 떠내려가는 것을 보면서 "기능에 문제가 생기면 쓰레기통에 버려진 뒤 매립되거나 소각되는 하나의 사물" 같다고 생각합니다. 자신도 언젠가는 저 시체처럼, "사물"로 발견되어 소멸될 것 같다는 생각을 합니다. 여러분의 생각은 어떤가요? 여러분이 생각하는 인간의 삶은 어떠한지 생각을 나눠 봅시다.

한국단편
07

나만이 나를 회피할 수 있다

정이현, 「그 남자의 리허설」

정이현의 「그 남자의 리허설」에는 무한 경쟁이라는 살벌한 삶의 전쟁터에서 살아남기 위해 발버둥 치는 '한 남자'가 등장한다. 천성적으로 행동이 빠릿빠릿하지 못하고 느린 '그'의 직업은 성악가이다. 한때 '그'는 "하늘에서 내린 보이소프라노"라는 상찬을 들었던 주목받는 신예였지만, 지금은 매년 재계약을 걱정해야 하는 무능력한 시립합창단 소속 성악가이다. 하지만 그의 아내는 잘나가는 오페라 기획자로 "시계의 분침을 10분 일찍 돌려놓고" 바쁘게 활동하는 열정적인 사람이다. "그가 안 되는 줄 번연히 알면서도 접지 못하고 지질지질 끝까지 가보는 스타일이라면, 아내는 포기가 빠르고 추진력이 강한"여자이다. 잘나가는 아내와 성공한 동료들 사이에서 '그'가 느끼는 소외와 불안, 열등감은 소극적인 그에게 어쩌면 당연한 것이었는지도 모른다.

성공이 최고의 가치가 되는 이 시대에 '그'가 살아남는 방법은 두 가지뿐이다. 남들처럼 '그'도 앞뒤 안 가리고 삶의 전쟁터 속으로 뛰어들어 남들과 경쟁하는 것, 다른 하나는 이 모두를 철저히 '회피'하는 것이다. 당연히 천성적으로 '그'는 후자를 선택할 수밖에 없다. '모른 척, 아무렇지도 않은 척'하기가 그것이다. '회피'만이 살길이다. 다른 사람의 성공에 대한 불안감과 그로 인해 생겨난 자신에 대한 열패감 모두 외면해 버리고, 치열한 경쟁의 상황은 회피하면 그뿐이다. '없는 듯, 존재감 없이 살아가기' 그래서 '그'는 "쓸데없는 일"로 사람들과 트러블이 생기지 않도록 항상 행동을 조심한다. 그런 '그'를 "굳이 분류하자면 평화주의자에 가까웠다."

인간은 기본적으로 타인으로부터 인정을 받으면서 자신의 가치를 부여하는 존재이다. 그러나 이것이 불가능한 상황이라면, 최선을 다 해도 실패가 예상되는 경우라면 인간은 아예 인정받기를 포기하거나, 욕망하지 않는 것으로 자신의 존재를 지키려 할 것이다. '그'도 마찬가지이다. '그'는 타인으로부터 인정받고자 하는 자신의 욕망 자체도 스스로 소멸시켜버린다. 그로써 '그'의 욕망은 거세를 당했고, 대신 그 빈자리는 결핍감으로 채워진다. 그 자리는 무엇이든 채워져야 했다. '그'의 욕망은 외면하고 덮고, 잘라내 버린다고 해서 사라질 수 있는 계제의 것이 아니기 때문이다. '그'가 회피의 전략을 선택한 이상 이 결핍감은 해결될 리 만무하므로, 그 고정된 결핍감은 썩어들어갈 수밖에 없다. '그'에게서 풍기는 이유를 알 수 없는 '악취'는 그런 '그'의 '썩어가는 내면'의 상태를 보여준다. 사람들은 그에게서 나는 냄새 때문에 '그'를 멀리한다.

'그'의 내면의 결핍은 점점 더 심하게 형체를 알아볼 수 없이 썩어들어가고 있었으므로 '그' 자신도 그 정체를 인식하지 못한다. '그'가 아내에게 "제발 말해줘, 나한테서 무슨 냄새가 나?"라고 애원을 하는 이유도 여기에서 비롯된다. 아내 또한 '그'가 가진 내면 상황을 알 수 없기는 마찬가지이다.

심한 악취만 풍길 뿐 '그'에게서 나는 그 냄새의 근원을 아무도 알지 못하는 이 상황은 다음의 사건으로 형상화된다. 담배를 사기 위해 초고층 드림빌에서 맨발에 슬리퍼만 신고 나온 '그'는 담배를 사고 나서 아파트의 카드키를 가지고 오지 않은 것을 알게 된다. 카드키가 없으면 아파트에 입장할 수 없다. 아파트 경비원과 관리소장에게 사정해 보지만 그들은 '그'가 아파트의 입주민인지를 "증명하지 않으면" 집으로 들어갈 수 없다고 못을 박는다. "지갑도, 휴대전화도, 신분증"도 없는 '그'가 자신의 존재를 증명할 방법은 없다. 이미 썩어서 그 형체를 알 수 없는 내면적 결핍을 가진 '그'가 자신의 존재를 증명할 수 없는 것과 같은 상황인 것이다.

작가가 보여주는 '회피'의 결과는 이러하다. 타인으로부터 인정받고, 소통하고, 그로써 자신의 존재 가치를 증명하는 일은 인간이 가진 근원적인 욕망이며, 그것은 외면하고 회피한다고 없어지는 것이 아니라고. 만약 두려움과 불안에 굴복하여 그것을 덮으려 하거나, 모른 채 하려고 한다면, 인정받지 못한 그 내면은 서서히 썩어들어가서 당신 자신도 알아보지 못할 정도로 뭉개질 것이며, 결국 당신은 파멸을 맞게 될 것이라고. 지금까지는 그저 '리허설'에 불과했으며, 인생이라는 본 무대는 지금부터라고. 어떤가, 정이현이 소설 「그 남자의 리허설」을 통해 우리에게 보내는 경고의 메시지는 정말로 섬뜩하지 않은가.

해석을 위한 질문

「그 남자의 리허설」, 정이현

Q1 정이현의 「그 남자의 리허설」은 지리멸렬한 삶을 이어가는 '한 남자'의 이야기입니다. 오페라 기획자로 잘 나가는 아내의 집에 얹혀사는 신세인 '그'는 자신에게서 나는 이유를 알 수 없는 '악취' 때문에 사람들로부터 소외를 당하는데요. 주인공 '그'와 우리가 닮은 점이 있다면 말해 봅시다.

Q2 '그'는 자신이 사는 초고층 드림빌 아파트에서 담배를 사러 나왔다가 다시 집으로 들어갈 수 없는 상황에 놓입니다. 맨발에 슬리퍼 차림으로 집을 나섰기 때문에 '그'에게는 자신을 증명할 "지갑도, 신분증도 휴대폰"도 없습니다. 이렇게 소설은 '자신이 자신을 증명할 수 없는 상태'로 '그'의 삶의 풍경을 설명하는데요. 그렇다면 현대인들은 어떻게 자신의 존재를 증명하면서 살아간다고 보십니까. 각자의 생각을 나눠 봅시다.

Q3 '그'는 자신에게서 나는 이유를 알 수 없는 '악취'로 고통을 당합니다. 사람들은 '그'를 멀리하고 피하기만 할 뿐 냄새의 정체에 대해서는 어떤 말도 하지 않는데요. '냄새'는 '그' 남자의 내면을 그대로 드러낸다고 할 때, '그'에게서 나는 냄새의 원인은 무엇인지 이야기해 봅시다.

한국단편
08

너의 불행이 나를 행복하게 한다

정이현, 「안나」

● '경'은 뷰티클리닉을 운영하는 의사 남편과 7살 아들과 함께 살고 있다. '경'은 "박사학위를 가지고 있고 결혼 전에는 대학에서 잠시 강의도 했었지만 모두 옛일"이 되었고 지금은 주부로 지낸다. 아들의 영어 유치원 학부모 오리엔테이션에 밍크코트를 입고 가서 노골적으로 자신의 계급을 드러내고, 돈 문제 때문에 유치원 원장과의 실랑이가 벌어졌을 때는 "절친한 친구 중에 방송국 간부가 있으며, 사촌 중에는 대형 로펌의 변호사"를 알고 있다고 나지막이 말하는 것으로 인맥을 활용하여 원하는 걸 얻을 줄

아는 사람이 '경'이다. 말하자면, 정이현의 「안나」에 나오는 '경'은 속물적인 상류층 여자를 대표하는 인물로 그려진다.

'경'이 8년 전 댄스 동호회에서 만난 안나는 몸이 닳도록 일을 하면서 생계를 꾸려가는 청춘이다. 보증금 천만 원에 월세 50만 원짜리 방의 월세와 생활비를 벌기 위해 안 해본 아르바이트가 없을 정도다. 안나가 '경'의 아들 유치원의 보조교사가 된 것도 벼룩시장에서 본 정보로 일자리를 구하면서부터다. 이렇게 '경'과 안나는 학부모와 유치원 보조교사로 다시 만나 이런 저런 이야기를 나누는 사이가 된다. 안나가 자신의 삶에 대해 말할 때, 이를테면 "대형 백화점의 주차 안내원 일을 꽃가루 때문에 못 했다는 이야기, 할머니의 병간호 때문에 하던 일을 다 접었다"라는 이야기는 '경'에게는 너무나 비현실적으로 들렸다. '경'은 안나가 쏟아놓는 이야기들을 들으며 "시사주간지 사회면의 르포르타주를 읽는 기분이 들었다." '경'과 안나, 두 여자의 사회적 계층은 이렇게 큰 차이가 났다.

그래도 '경'에게 안나는 자신의 계급을 노골적으로 혹은 은밀하게 표현하지 않아도 되어서 편한 사람이었다. "안나와 만날 때면 어울리는 옷과 가방을 매치하기 위해 거울 앞에서 한참 시간을 보내지 않아도 되었고 자신이 가자고 제안한 식당이 유행에 뒤처지는 곳이거나 맛이 없는 곳이라 상대가 실망할까 봐 마음 쓰지 않아도 되었다."

하지만 안나가 자신의 아들에 대해서 말할 때 '경'은 마음이 불편해졌다.

'경'의 아들은 영어 유치원에 다닌 후로 말문을 닫아버렸고, '경'은 늘 노심초사했다. 이런 '경'에게 안나는 위로의 말을 건넨다. "언니 얼굴 좀 펴세요. 이 시간도 다 지나갈 거예요. 고통은 울퉁불퉁해서 자갈길에 맨발로 혼자 버둥거리는 것과 비슷해서, 누가 손을 내밀면 조금 덜 어렵게 빠져나올 수 있어요."라고 안나가 말할 때 '경'은 안나가 자신을 진심으로 가여워하고 있음을 느꼈다. 그런데 그것은 "생소한 불안감"이었다. 그 불편함의 정체는 "안나 같은 이에게" 위로를 받는다는 생소함이었고, 그만큼 "자신에게 우울의 그림자가 짙게 드리워져 있는 것일까"라는 불안감이었다.

"안나 같은 이"에게 위로를 받는다는 것은 '경'의 입장에서는 있을 수 없는 일이었다. '위로'를 해야 하는 상황이 벌어진다면, 위로를 받아야 할 쪽은 '경' 자신이 아닌 안나가 되어야 자연스러울 터였다. '경'이 생각하기에 자신은 부자였고, 안나는 가난했다. 당연히 가진 것 없이 어렵게 사는 안나는 돈 걱정 없이 여유 있게 사는 '경'을 부러워해야 마땅한 것이다. 하지만 안나는 한 번도 '경'을 향해 부러움의 눈길을 보낸 적이 없었다. 안나가 유치원 보조교사 자리에서 해고당했을 때, '경'은 안나에게 위로와 조언을 해줄 준비를 하고 있었지만, 안나에게서 연락은 오지 않았다. '경'이 안나에게서 느끼는 불편한 뒤틀림은 여기에 있다. 말하자면, '경'은 자신보다 가난한 사람의 '보잘것없음'으로 자신의 우월감을 충족시키는 인물이었다. '경'의 욕망은 타인의 열패감으로 채워지고 작동했다. 그녀는 타인의 불행과 고통을 거름 삼아 존재의 의미를 키워가는 사람이었다. '경'에게 그 대상은 안나였지만, 안나는 '경'에게 말려들지 않았다.

> "사람에게는 사람이 필요하다, 원망하기 위해서, 욕망하기 위해서, 털어놓기 위해서"

정이현은 이 소설에서 현대인이 타인을 이용해 왜곡된 욕망을 채우려는 시도의 일면을 보여준다. 중요한 점은 대부분의 사람들은 이러한 욕망의 실체를 잘 모른다는 데에 있다. '경' 또한 자신이 무엇을 욕망하는지 몰랐을 것이다. 자신이 안나에게서 받는 "생소한 불안감"의 정체도 인식하지 못했을 것이다. 하지만 소설을 읽은 우리는 '경'의 욕망과 그 욕망의 행로를 또렷이 알게 되었다. '읽었으므로!' 알게 된 것이다. '또한 알게 되었으므로!' 욕망에 대한 우리의 생각은 달리질 수 있을 것이다. 소설을 읽는 이유다.

「안나」, 정이현

Q1 서른두 살에 세 살 위의 가정의학 전문의와 결혼한 '경'은 남편과의 첫 만남을 궁금해하는 이들에게 "춤을 추다 만났다고 말하기를 좋아"합니다. 그럴 때마다 '경'은 "자신이 꽤 유니크한 인생을 살고 있다는 기분에 휩싸이곤" 했는데요. '경'이 사람들에게 남편과 "춤을 추다 만났다."라고 말하는 내면적 이유는 무엇인지 생각해봅시다.

Q2 '경'은 영어 유치원에 다니는 아들이 함구증에 걸려 근심이 많습니다. 이런 '경'을 안나는 "언니 얼굴 좀 펴세요. 이 시간도 다 지나갈 거예요."라고 위로합니다. '경'은 안나가 자신을 가여워하고 있다는 것에 대해, "생소한 불안감"을 느끼는데요. '경'이 느끼는 이 낯선 느낌, "생소한 불안감"은 '경'의 어떤 마음을 나타내는 것일까요? 짐작해 봅시다.

Q3 소설은 마지막에 "사람에게는 사람이 필요하다. 원망하기 위해서, 욕망하기 위해서, 털어놓기 위해서."라고 말합니다. 이 문장의 의미가 무엇을 나타내는지 다양한 시선으로 읽어봅시다.

한국단편
09

그렇게 엄마는 어미가 된다

김애란, 「칼자국」

● 언제 들어도 가슴 저리게 다가오는 말이 있다면 그것은 '엄마'가 아닐까. '끔찍이도 엄마 말 안 듣던 딸'이 성장하여 그보다 더 '말 안 듣는' 딸을 둔 엄마가 되었을 때, '엄마'라는 단어가 그렇다. '입장이 바뀌었다'라는 것은, 과거의 엄마에게나 현재를 살아가는 엄마에게 서로의 길을 걸어갔다는 점에서, 그래서 애써 이해를 구하지 않아도 되는 삶이어서 사무친다. 그럼에도 '과거를 살아 낸 엄마'와 '현재를 살아가는 엄마' 사이의 겹은 단단하고 두텁다. 완전히 똑같은 삶은 없으므로. 따라서 누군가 서로의 겹을

환기시켜 주지 않는다면 '엄마'는 전자든 후자든 그저 살아가다가 희미해지는 존재가 아닐까. 그런 의미에서 김애란의 소설 「칼자국」을 읽으며 엄마를 떠올리는 것은 자연스럽고 당연한 일이다.

25년째 칼국수 집을 운영하여 '나'를 거둬 먹인 엄마는 "우는 여자도, 화장하는 여자도, 순종하는 여자도 아닌 칼을 쥔 여자"였다. "엄마의 칼은 썰고, 가르고, 자르는 동안 종이처럼 얇아졌지만, 누군가에게 의탁하지 않는 삶이었으므로 강한 자부가 있었다." 엄마에게 칼은 자식의 배를 채우는 생명줄이었고, 무능력한 남편의 부정을 무심하게 대할 수 있는 삶의 동아줄이었다. 엄마는 그 칼에 자주 다쳤지만, 손에서 칼을 놓는 일은 없었다. 신산한 삶이어도 엄마는 그 궁핍함에 잠식당하지 않는 사람이었다. 그래서 '나'는 엄마의 삶에서 고생이나 희생을 보지 못했다. '나'는 거기서 그냥 '어미'를 봤다.

"엄마는 새끼 겁주고 놀리는 걸 낙으로 삼는 여자였다." '나'가 여섯 살 때, 엄마는 방 안에서 부르르 몸을 떨다 죽어버리는 시늉으로 놀란 자식을 보며 깔깔댔다. 옷에 강낭콩을 넣고 "공벌레다!"라고 사기를 쳐서 '나'를 크게 울리기도 했지만 무서운 개를 맞닥뜨려 얼굴이 새파래졌을 때는 칼을 들고 달려 나와 자식의 든든한 가림막이 되어주었다. "밥 잘하고 일 잘하고 상말 잘하던 어머니였지만 식당에 손님으로 온 한 사내가 칼국수 두 그릇을 주문하고 뒤늦게 들어오는 여자를 위해 국수가 식지 않도록 빈 그릇을 엎어놓은 모습을 사소한 따뜻함을 받아보지 못한 여자의 눈으로 바라봤다."

"나는 어머니가 해주는 음식과 함께 그 재료에 난 칼자국도 함께 삼켰다. 어두운 내 몸속에는 실로 무수한 칼자국이 새겨져 있다. 그것은 혈관을 타고 다니며 나를 건드린다. 내게 어미가 아픈 것은 그 때문이다."

어미의 부음을 들었을 때 '나'는 엄마로서 아이를 잉태하고 있었다. 하찮은 것들로 채워지는 '어미'의 삶을 미리 되새겨 보기라도 하듯 '나'는 엄마가 칼국수를 삶다가 쓰러진 식당 부엌을 둘러본다. 그러곤 엄마의 칼로 사과를 돌려 깎기 시작한다. '나'는 "둥글게 자전하며 자신의 우주를 보여주는 사과를 보며 '어미'로서 자식에게 보여줄 우주를 생각했을지도 모른다."

김애란은 「칼자국」에서 '엄마'가 어떻게 '어미'가 되는지를 정확하게 불러낸다. 아이를 임신하면, 누구나 엄마가 되지만 그로써 어미가 되는 것은 아니라는 것을, 손안에 반지의 반짝임이 아닌 식칼의 번뜩임을 쥐고 사는 어미의 삶에서 길어 올린다. 그렇지만 결국은 엄마와 어미의 삶은 하나로 이어질 수밖에 없다는 것을, 마늘을 다지고, 두부를 자르고, 김치를 썰며 이따금 어머니를 생각하는 '나'의 삶을 통해 보여준다. '살아낸 어미'와 '살아가는 엄마'는 자식에게는 모두 우주적 존재다. 따라서 엄마와 어미 모두는 우리가 항상 마음에 새겨야 할 존재가 아닐까. 사소한 것이 모여 우주를 만들고, 그 우주는 사소함으로 흩뿌리게 될 테니. '엄마'의 삶처럼, '어미'의 삶처럼 말이다.

「칼자국」, 김애란

Q1 어머니는 칼국수 집을 운영하며 어린 딸을 키웠습니다. 성장한 딸은 어머니의 음식을 기억합니다. 어머니는 "생일이면 양지를 찢어 미역국을 끓이고, 구정에는 가래떡을 뽑고, 소풍날은 김밥을, 겨울에는 동치미를 만들어 주었고, 그사이 내 심장과 내 간, 창자와 콩팥은 무럭무럭 자라났다"라고 회상하는데요. 여러분도 어린 시절 누군가 해준 음식 중 기억에 남는 음식은 무엇인지 추억을 떠올려 봅시다.

Q2 신산한 삶 속에서도 어머니가 절대로 거르지 않는 게 하나 있는데, 그것은 밥을 짓는 일이었습니다. 소설의 화자는 "어떻게 바람난 아버지를 위해 갈치를 굽고, 가지를 무치고, 붕어를 지질 수 있는지. 그것도 모두 아버지가 좋아하는 음식으로 말이다"라고 말하는데요. 어머니는 왜 어떤 상황에서도 밥 짓는 일을 계속했을까요? 생각을 나눠 봅시다.

한국단편
10

논리가 지녀야 할 윤리, 탐색

김애란, 「서른」

• 시간의 논리를 따르자면, 서른은 스물을 지나서 온다. 이십 대 초반에 등단하여 이름을 알리기 시작한 작가 김애란도 어느덧 10년이라는 세월이 흘러 서른을 넘어섰다. 그리고 그즈음 소설 「서른」을 썼다. 강산도 변한다는 그 긴 시간 동안 작가에게 어떤 일이 일어나고 소멸되었을까. 소설 「서른」을 읽고 있자니, 변화된 작가의 세계가 감지되었기에 하는 말이다. 이 작품에는 김애란 특유의 톡톡 튀는 발랄함이 많이 줄어들었다. 또 '웃겨 놓고 정작 본인은 모른 채 딴청 부리는', 그래서 더 웃게 만드는 유

머도 찾아볼 수가 없다. '언제 그랬냐는 듯' 말짱하다. 그러나 시대를 짚어내는 예민한 감각은 여전하다. 아니, 더 예리해졌고, 더 날카로워졌다. 무엇보다 자신도 이 시대를 살아가는 서른이라는 것을 잊지 않으면서, '희망'도 '체념'도 없이 '자신이 관통한 삶의 윤리'만을 말하겠다고, 그렇게 이 시대와 당면하여 이십 대에서 삼십 대를 건너가겠다고 다짐한다. 소설 「서른」은 작가가 이 세상을 바라보고 느낀 바를 적어간 내적 기록이면서 동시에 우리 시대 서른들에게 보내는 비감(悲感) 어린 편지이다.

얼핏, 소설「서른」에서 흐르는 '논리'는 타당해 보인다. 먼저, '시간의 논리'. 부모님께 효도해야 된다는 각오로 지방에서 올라온 주인공 수인이 여섯 개의 자취방을 옮겨가며 10년 세월을 보냈더니 서른이 된 것처럼 말이다. 수인은 그 시간의 논리를 견디면 적어도 "훌륭해지는 것까지는 바라지 않아도 보통의 기준"에 다다를 수 있다고 믿었다. 젊었고, 희망도 있었고, 무엇보다 성실히 살았기 때문이다. 하지만, 서른이 된 수인의 삶은 여전히 절박하다. 자취방에 머물고, 직업도 없으며, 주인의 월세 인상 요구에 딱 부러지는 대답을 할 수 없는 처지다. 이렇듯 수인에게 '삶의 논리'는 '시간의 논리'처럼 순차적으로 흘러가는 게 아니다. 수인은 "지난 십 년간 여섯 번의 이사를 하고, 열 몇 개의 아르바이트를 하고, 두어 명의 남자를 만났을 뿐인데, 정말 그게 다인데, 지금의 수인은 사람을 믿지 못하고, 씀씀이가 커지고, 눈만 높아진 아무것도 아닌 시시한 어른이 돼버린 것 같아 불안"하기만 하다. 아버지가 돌아가시고 더 기울어진 집안, 불어나는 빚 때문에 은행으로부터 수시로 독촉을 받는 수인은 돈이 되는 일이라면 뭐든지 해야 하는 형편이다. 수인에게 시간은 논리대로 여지없이 작동되었지만 견고하지 못한 '삶의 논리'는 수인을 벼랑으로 몰아붙인다. 수인은 이제 끝까지 왔다. 이제는 똑똑한 체하며 '시간의 논리'고 '삶의 논리'고 따질 겨를이 없다. 일단은 살고 봐야 하는 것이다.

그래서였을까. 수인은 예전 남자친구의 안내에 따라 "선진국형 신개념 네트워크 마케팅"이라는 그야말로 '신개념 다단계' 회사에 들어가 "열심히만 하면 누구나 꿈을 이룰 수 있다"라는 '삶의 논리'를 한 번 더 믿어 보기로 한다. 수인은 그 종교 구호 같은 말에 현혹되지 않을 자신이 있었다. 수인에게는 "나 배운 여자야, 그렇게 호락호락하지 않아, 나는 내 이성과 의지와 논리를 믿어"라는 자부가 있었기 때문이다. 하지만, 수인은 다단계 직원들의 합숙소에 들어가 "자신이 구입한 양파즙을 먹고, 자신이 산 양말을 신고 생활하면서", "저렇게 많은 사람이 하는 일이 그렇게 이상한 일일까"라는 자기암시를 하게 되었다. 결국 수인은 학원 제자 혜미를 자기 대신 그 다단계 회사에 꽂아 놓고 도망치듯 그곳을 빠져나온다. 이후, 수인은 다단계 회사에 남겨진 제자 혜미가 보내오는 연락을 거듭 거절한 끝에, "혜미가 엄청난 빚에 시달리고 파탄 난 인간관계를 견디다 못해 자살을 시도하다 결국 식물인간"이 되었다는 소식을 듣게 된다. 무엇이 어디서부터 잘못된 것일까. 그저 '살아왔을 뿐'인데, 그것이 계속해서 '남을 해치는 삶'이었다는 죄책감에 수인은 괴로워한다.

"당장 제 앞을 가르는 물의 세기는 가파르고, 돌다리 사이의 간격은 너무 멀어 눈에 보이지조차 않네요. 그래서 이렇게 제 손바닥 위에 놓인 오래된 물음표 하나만 응시하고 있어요. 정말 중요한 '돈'과 역시 중요한 '시간'을 헤아리며, 초조해질 때마다, 한 손으로 짚어왔고, 지금도 뚫어져라 바라보고 있는 그것."

논리가 '이치에 맞는 것'이라면 '윤리'는 '마땅히 그래야 하는 것'이다. 수인은 '시간의 논리'에 따라 나이를 먹으면서 삶을 그저 지나오려 했지만, '삶의 논리'는 수인이 강의 돌다리를 무사히 건너도록 내버려 두지 않았다. 우리 삶에서 '논리'는 정당할 수도 있고, 그렇지 않을 때도 많음을 지금에 와서야 수인은 깨닫지 않았을까. 그래서 이렇게 말할 수도 있겠다. '우리에게 필요한 것은 '논리'가 아니라, 윤리라고' 우리에게 요청되어야 할 것은 그저 살아가기 위해 "피라미드 제일 아래에 있는 사람을 애써 보지 않으려 하는" 간단한 논리가 아니라 "자살을 시도한 제자 혜미의 병실을 찾아가는" 수인의 윤리가 아닐까. 이것이 아무리 부정하려 해도 빈틈없이 '논리'대로 돌아가는 세상에서 '윤리'가 환기되는 세계로 넘어가려는 작가의 힘겨운 시도일 테다. 논리도 마땅히 윤리를 지녀야 한다고 말이다. 소설은 우리에게 '윤리가 환기되는 세상'은 아직 탐색 되지 않은 낯선 세계일 뿐이니, '이제부터라도 그 탐색에 적극적으로 나서야 하지 않겠느냐고' 말하는 듯하다. 그것이, 작가가 작품에서 차마 웃을 수 없는 이유였으며, 얼굴이 화끈거려 "희망, 열정, 노력"이라는 말을 못 쓰겠다던 김애란의 변(辯)이기도 하다.

해석을 위한 질문

「서른」, 김애란

Q1 대학 생활을 위해 지방에서 올라와 10년 동안 서울에서 살고 있는 주인공 수인은 지금 당면한 현실이 불안하고 초조합니다. 그동안 "훌륭해지는 것까지는 바라지 않아도 보통의 기준에 다다르기 위해 안간힘"을 쓰며 살아왔지만 서른이 된 지금은 "아무것도 아닌 것이 되어가고 있는 건 아닐까"하는 불안함을 떨쳐 버릴 수가 없는데요. 우리 시대 청춘들은 어떤 모습으로 살아가고 있는지 우리가 본 것들을 나눠 봅시다.

Q2 수인은 보습학원에서 일하면서 하얗게 된 얼굴로 새벽부터 밤까지 학원가를 오가는 아이들을 보며 '너는 자라 내가 되겠지……겨우 내가 되겠지'라고 생각합니다. 이 말은 소설이 건네는 위로의 말로도 들리고, 암울한 현실을 그대로 응시하라는 일침으로 읽히기도 하는데요. 여러분은 이 시대를 힘겹게 건너가는 수인과 같은 청춘들에게 어떤 말을 건네시겠습니까?

한국단편
11

사소한 죽음과 중대한 삶

김훈, 「화장」

● 김훈의 「화장」은 '나'의 아내가 세상을 떠나는 장면으로 시작한다. 당직 수련의가 "운명하셨습니다"라는 말이 떨어지기가 무섭게 아내의 시신은 냉동실로 옮겨진다. 화장품 회사의 중역인 '나'는 지난 5년 동안 뇌종양으로 죽어가는 아내를 지극정성으로 간호해왔다. 간병인이 오지 않는 날은 아내를 목욕시키고 가랑이 사이로 흘러내린 똥물을 닦아냈다. 그런데도 '나'는 아내의 고통을 잘 알지 못했다. "아내가 두통 발작으로 시트를 차내고 머리카락을 쥐어뜯을 때도, 그 고통은 자신에게 건너올 수 없었기에

'나'는 그것을 감각할 수 없었다. '나'는 다만 아내의 고통을 바라보는 자신의 고통만을 확인할 수 있었다." 그에 따라 '나'가 감각하는 죽음은 무덤덤했다. '나'에게 아내의 죽음은 "휴대폰이 배터리가 닳아 죽는 것처럼, 사소"하게 느껴졌다.

그러나 요도염을 앓고 있는 '나'는 자신의 배뇨 고통은 날카롭게 느낀다. 병원에서 방관에 차오른 오줌을 빼낼 때, "요도 속에서 오줌 방울들은 고체처럼 딱딱하게 느껴졌고, 오줌이 빠져나올 때 요도는 불로 지지듯이 뜨겁고 쓰라렸다. 몸속에 오줌만 남고 사지가 모두 떨어져 나가는 느낌이었다." 죽은 아내의 시신이 실려 나갈 때도 '나'는 방광의 무게에 짓눌려 침대 뒤를 따라가지 못했다. 이렇게 '나'에게 타인의 고통은 감각할 수 없으므로 '모호하고 사소한 것'이 되지만 자신의 고통은 알 수 있는 것이므로 '명확하고 중대한 것'이 된다. 타인의 고통은 그 자신에게는 중대하지만 '나'에게는 사소한 것처럼 '나'의 고통도 타인에게는 사소한 것이 될 것이었다. 기억해야 할 것은 고통에서 자유로운 인간은 없다는 점이다. 소설은 이렇게 인간이 느끼는 '고통'을 객관화하여 보여준다. 이는 '있는 그대로를 정직하게 표현'하는 김훈 특유의 서술 방식이다.

어찌 되었든, 세계는 고통과 상관없이 흘러가기 마련이다. '나'는 아내의 장례를 치르는 와중에도 결재 서류에 사인을 하고 밀린 회사 업무를 본다. 그러면서 '나'는 연모하는 회사 부하직원 추은주의 생동감이 넘치는 몸을 상상 속에서 떠올린다. 그녀의 몸을 눈으로 더듬으면서 욕망한다. "그녀의 둥

근 어깨와 어깨 위로 흘러내린 머리카락과 그 머리카락이 그녀의 두 뺨에 드리운 그늘은 의심할 수 없이 뚜렷하고 완연한 몸"이었다. '나'에게 아내는 현실이고, 닿을 수 없는 추은주는 관념이다. 이렇게 아내와 추은주, 죽음과 삶, 시들어가는 육체와 생동하는 육체는 현실과 관념으로 '나' 안에서 공존한다.

'나'는 추은주에 대한 욕망의 실체에 다가갈 수 없음을 누구보다 잘 인식하고 있다. 그것은 죽어가는 아내를 돌보고 있다는 남편으로서의 윤리적 차원이 아닌, 점점 쇠잔해가는 '나'의 육체에 있다. 요도염을 앓고 있는 '나'는 정기적으로 비뇨기과에 가서 요도에 줄을 꽂아 소변을 빼내야 한다. '나'의 몸은 이미 남성성을 잃었다. 하지만 그렇다고 해서 추은주에 대한 욕망마저 사라진 것은 아니다. '나'는 상상으로 추은주를 욕망한다. 그녀의 몸이 떠오를 때마다 '나'는 "고개를 흔들어 생각을 떨쳐낸다."

실현되지 못한 '나'의 욕망은 두 가지의 양상으로 발현되는데, 먼저 추은주의 육체를 철저하게 외면하는 것이다. '나'는 고의적으로 그녀를 육체적으로 무감각한 대상으로 설정하고 자신의 욕망을 억압하는 자학적인 모습을 띤다. 다음으로 욕망이 충족되지 않은 결핍의 양상은 생명이 있는 것을 죽음에 이르게 하는 충동으로 나타난다. '나'는 아내가 목숨처럼 아끼던 개 '보리'를 아내의 장례가 끝나자마자 안락사시킨다. 억압된 욕망은 어떤 방식으로는 뚫고 나온다. '나'에게 결핍된 욕망은 추은주의 육체를 외면하고 거부하려는 태도로, 아내가 아끼던 생명을 거두는 일로 채워진다. 결핍은 욕망이 있기에 가능한 것이고, 욕망 또한 결핍이 있기에 인간에게 중대하게 다가

오는 것이다.

'나'는 아내의 장례를 치를 때까지 결정을 미루고 있던 회사의 광고카피를 '가벼워진다'로 결정한다. '내면 여행'은 너무 관념적이었으므로, 삶은 그렇게 "지지고 볶을 시간이 없기" 때문이다. 과연 '나'의 결정은 어떤 결과를 가져오게 될까? 인간이 결국 죽음을 향해 달려가는 존재라면, '나'의 선택은 사소한 것일까? 중대한 것일까? 알 수 없다. 인간은 그저 살아가는 것만을 할 수 있다.

「화장」, 김훈

Q1 김훈의 문체는 “건조하고 냉혹하다”라는 평가를 받고 있습니다. 「화장」에서 아내의 고통에 대해 서술할 때, 관찰자의 위치에서 대상에 대해 객관적으로 서술하는데요. 이는 작가가 “감정의 과잉이나 징징대는 것을 싫어하는 것”으로도 이해할 수 있습니다. 작가의 이러한 서술 방식은 독자에게 어떤 느낌을 불러오는지 이야기해 봅시다.

Q2 소설의 제목인 화장(火葬)과 오상무가 다닌 화장품 회사의 화장(化粧)은 서로 모순되는 개념으로 기묘하게 읽힙니다. 시신을 태우는 화장(火葬)은 죽음을, 얼굴을 곱게 단장하는 화장(化粧)은 생동감을 의미하는데요. 그렇다면, 소설에서 이 두 개의 단어가 각각 의미하는 바는 무엇인지 해석해 봅시다.

한국단편
12

내면의 먼 안쪽과 대면하기

김훈, 「언니의 폐경」

● 세월과 함께 시들어가는 육체를 확인하는 것만큼 쓸쓸한 일이 또 있을까. 여성에게 폐경이란 단순히 호르몬 감소에 따른 노화만을 의미하지는 않을 것이다. 그것은 여성에게 인생의 중간지점에서 맞는 삶의 큰 변곡점이라는 의미도 있다. 한 생명을 품지 못하게 된 여성은 세상을 바라보는 시선과 감각이 분명 그전과 같지는 않을 테니까. 폐경은 육체가 가진 기능 중 하나의 소멸을 의미하며 나아가 죽음에 가까이 다가갔음을 암시한다. 폐경은 조금씩 소멸되어가는 육체를 확인하면서 완전한 소멸에 이

르는 '죽음을 준비하라'라는 신호인 것이다. 여성의 몸에서 삶과 죽음은 공존한다. 김훈의 「언니의 폐경」은 따뜻한 시선으로 서로를 응시하며 사위어가는 삶의 먼 안쪽을 더듬는 쓸쓸한 중년의 두 자매 이야기다.

갑작스러운 비행기 사고로 남편을 잃은 언니는 "얘, 비행기가 어쩜 저렇게 스미듯이 사라질 수가 있니?"와 같은 대꾸할 수 없는 질문을 한다. "언니가 하는 말은 거의가 하나 마나 한 말이었다." 남편의 돌연한 죽음에도 울지 않던 언니는 난데없이 쏟아지는 폐경기 생리혈로 오래도록 운다. 언니 울음의 먼 안쪽에는 사소하고 하찮은 것들로 가득 찬 삶에 대한 회환이 있다. '나'는 언니의 퇴행을 원래 그래왔던 것처럼 보듬는다. 언니는 남편의 시신을 뒷전에 두고 보상금 쟁탈전을 벌이는 가족들과 주책없이 흘러나온 피를 보며 삶의 덧없음에 실소하듯 말한다. "뜨거워. 몸속에서 밀려 나와." 언니가 피와 함께 흘려보내고 싶었던 건 인생의 비루함에 대면하지 못하는 소심한 자기 자신이 아니었을까. 헐겁고 구차한 삶이라도 쓸모없는 인생은 있을 수 없기에 우리는 반드시 누군가에게 지지 받고 싶어 한다. 여기서 언니의 어깨를 쓸어주는 이는 바로 동생 '나'이다.

> "언니의 삶은 사소하고 하찮은 것들로 가득 차 있었다. 그 하찮은 것들이 늘 언니의 삶을 짓누르고 언니는 거기에 걸려서 헤어나지 못했지만 언니가 내 머풀러에 붙은 앙고라 털을 떼어줄 때 나는 그 하찮은 것들의 무게를 생각했다."

언니의 사소하고 하찮은 삶은 공허하고 외로운 동생 '나'의 삶을 끌어안는다. 언니는 아무런 애정 없이 습관적으로 남편과 살아가던 이혼한 동생의 상처를 감싸 안고, '나'가 집을 구하는 데 모자란 돈을 보태주고, 가구와 가전제품을 사주는 것으로 동생의 아픔을 보듬는다. '나'가 남편 회사의 부하직원과 부적절한 관계를 맺는 것도 언니가 품어야 할 상처이다. 이들은 세상에서 떠돌다 온 '지난 하고도 오래된 고통'을 외면하지 않고 서로를 핥아준다.

애매하고 모호하게 흘러가는 삶을 설명하고 누군가에게 이해시킨다는 것은 애초부터 불가능한 일이다. "언니가 저녁이면 수다가 많아지는 것도 '나'가 남편의 부하직원과 만나는 것"도 "인연이 없고, 난데없고, 그래서 하는 수 없는 슬픔"이다. 그냥 삶의 틈바구니에서 비어져 나온 일일 뿐이다. "잠과 죽음이 구별되지 않는 것"과 같이, 언니와 '나'에게 삶과 죽음도 폐경을 맞은 육체처럼 하나의 삶에 공존한다. 그저 "낮게, 멀리 퍼지는 정처 없는 향기"이다. 그래서 우리에게 필요한 건 바로 '서로'가 아닐까. 삶을 지속시키는 것은 켜켜이 쌓여 좀처럼 보이지 않는 삶의 먼 안쪽과의 대면으로 시작한다. 하여 인간은 '누군가'가 곁에 꼭 있어야 한다. 「언니의 폐경」에 나오는 언니처럼, 또 동생처럼 말이다.

해석을 위한 질문

「언니의 폐경」, 김훈

Q1 김훈은 '몸'으로 사유하는 소설가입니다. '몸'을 중심으로 인간과 세계가 가진 근본을 탐구하고 설명해 나갑니다. 김훈에게 '몸' 밖에서 나오는 언어는 비어 있는 말일 뿐입니다. 「언니의 폐경」에서도 언니가 폐경을 맞는 과정을 서술하는데요. 그는 인터뷰에서 남성 작가로서 '여성의 몸에서 일어나는 폐경의 과정을 서술하는 것에 어려움을 느낀다'라는 고백을 하기도 했는데요. 여러분은 이 부분을 어떻게 읽으셨나요. 생각을 나눠봅시다.

Q2 소설에서 '나'는 남편에게 여자가 생겼다는 사실을 알고 "분노도 슬픔도 없었고 휑하니 빠져나간 세월의 빈자리가 허허로웠습니다."라고 말합니다. 남편이 이혼을 요구해오자 '나'는 "왜 함께 살아야 하는지를 대답할 수 없었으므로 왜 헤어져야 하는지를 물을 수가 없었다"라고 생각합니다. '나'는 부부의 인연을 맺은 후, 아내로서 부모로서 며느리로서 그 역할과 책임을 다해왔는데요. 하지만 기계적으로 살아왔다는 사실은 부인할 수가 없습니다. 중년의 '나'가 이혼을 하면서 알게 된 인생은 무엇이었을까요? 설명해 봅시다.

한국단편
13

불행한 일은 어떻게 보통의 일이 되는가

김금희, 「보통의 시절」

미국 과학자들이 쥐를 우리에 가두어 놓고 신체 일부에 충격을 가하는 실험을 한 적이 있다. 이 실험에서 쥐들은 예상치 못한 신체적 충격에 괴성을 지르고 높이 튀어 오르면서 자신들이 받은 충격의 강도가 얼마나 센지를 온몸으로 표현했다. 과학자들은 매일 같은 시간, 같은 강도의 충격을 쥐들의 신체에 가하면서 그 반응을 살폈다. 결과는 흥미로웠다. 쥐들은 횟수가 더해질수록 처음과 같이 격렬하게 반응하지 않았다. 나중에는 같은 충격을 가해도 아무런 반응도 보이지 않고 가만히 있을 뿐이었다.

과학자들이 이 실험을 통해 밝혀내려고 한 것은 '신체적 충격에 반응하는 신체의 어떤 성질' 중 하나였을 것이다. 그리고 아마도 그 결과는 '동물에게 신체적 충격을 계속 가하다 보면 뇌는 그 충격을 느끼지 못할 만큼 무뎌진다'라는 정도가 아니었을까.

김금희의 소설 「보통의 시절」를 읽으면서 자연스레 이 '쥐 충격' 실험이 떠올랐다. 이 실험이 김금희의 소설과 '같은 주제'를 말하고 있었기 때문이다. 김금희는 「보통의 시절」에서 이 시대에서는 "충격적인 일이 반복되면 그것은 보통의 일이 된다"라는 사실을 아무렇지 않게 들려준다. 과학자와 소설가 모두 인간을 탐구한다. 과학자들은 가설을 세워서 실험하고 그 결과를 바탕으로 인간의 성질을 이해하고, 소설가들은 인간을 관찰하고 그것을 이야기로 쓰면서 또 다른 인간 이해에 다다른다. 과학자와 소설가가 하는 일이 이렇게 닮았다는 점이 참으로 흥미롭지 않은가.

그렇다면, 소설 「보통의 시절」은 '보통이 아닌 일이 보통의 일'이 되는가를 어떻게 보여주는가. 이를 파악하기 위해서는 먼저 소설이 바라본 이 시대가 어떤 시대인지 짚어보는 일이 필요하다. 작가가 보기에 이 시대는 대단히 이상한 세계이다. 이 세계는 충격적인 일을 보고도 아무렇지 않게 받아들인다는 의미에서 이상한 세계이다. 이 세계에서 심각한 문제를 안고 있는 일들은 그냥 보통의 일이 되어 버린다. '보통의 시절'이라는 소설의 제목은 말 그대로 이러한 역설적인 의미를 품고 있다.

예컨대 1970년 80년대 한국의 건물 중에는 "철근을 제대로 안 쓰고 콘트리트 정도도 무시하고 짓는 건물"들이 무너지는 일들이 많았는데, 그렇게 끔찍한 일이 여기저기서 반복되다 보니까 사람들은 그저 "그런 일은 흔해"라고 말해버리고 그냥 심상하게 넘겨버린다. 충격을 충격으로 잘 인식하지 못하는 것이다. 그러니 다리가 무너지고 백화점이 붕괴되는 어마어마한 사건이 벌어졌는데도 또다시 무너지는 건물들이 생겨나는 것이다. 정말로 "도시 전체가 허깨비"가 되어 버린 것이다.

소설 속 화자 '나'는 어린 시절 큰오빠가 무서워서 심장이 멎을 것 같다가도, 큰오빠의 화가 가라앉고 잠잠해지면, 아무 일도 없었던 듯 오빠와 함께 아이스크림을 먹곤 했다. 작가는 그것을 "심상한 분노, 심상한 공포, 심상한 회복, 심상한 단맛"이라고 말한다. 그렇게 "심상함"이 반복되면 그 일은 '보통의 일'이 된다. 큰오빠가 동생들을 두드려 패는 일은 이제 늘 있는 '흔한 일'이 된다. 소설은 이렇게 '심상치 않은 시대를 심상하게 넘겨버리는 우리 시대'의 무감각과 무딘 시선에 대해 다시 생각해 보자고 한다.

소설은 화자 '나'가 성탄절에 가족들을 4년 만에 만나는 것으로 시작한다. 일찍 부모를 여읜 4남매는 그동안 험난한 삶의 수렁을 통과해 왔으며 이는 계속 진행 중이다. 부모님이 돌아가신 후 집안의 가장 역할을 했던 큰오빠는 직장 생활을 하다가 암 선고를 받았다. 큰오빠는 "평생 화가 나 있는 사람"이었다.

이들 4남매가 4년 만에 만나서 어딘가로 향하는 이유는 김대춘이라는 인간을 만나 죄의 심판대에 세우기 위해서이다. 김대춘은 "보일러실에 불을 질러 부모님이 운영하던 목욕탕을 전소시킨 사람이다." 그는 어린 4남매를 한순간에 고아로 만들어 버린 존재이다. 그 일로 큰 오빠는 어쩔 수 없이 열여섯 살에 가장이 되었다. 큰오빠는 자신의 "인생이 왜 이렇게 됐나"하는 울분 때문에 김대춘이 감옥에 있을 때는 "우리가 널 죽이러 가겠다"라는 편지를 동생들과 함께 써서 보냈다. 이제 김대춘이 출옥했으므로 그를 만나러 가기 위해 동생들을 불러 모은 것이다. 김대춘이 정말로 '죽을 죄'를 지은 죄인인가를 다시 한번 확인하고 그것이 4남매에게 얼마나 크고 중대한 일이었는지를 본인에게도 알게 해야, 큰 오빠는 마음의 평화를 얻을 것이기 때문이다.

그러나 그들의 복수는 '허망'하게 끝이 난다. 김대춘이 자신의 잘못을 부인하는 사태가 벌어진 것이다. 김대춘은 "자신은 목욕탕에 불을 지르지 않았으며, 그 당시 보일러실에서 그냥 잠이 들었고, 감옥에는 형사가 들어가라니까 들어간 거라고, 자신은 잘 모른다"라고 말한다. 원수를 찾아갔다가 그가 원수가 아님을 확인하고 나오면서 큰 오빠는 말한다. "그래, 다 잊자." 함께 따라간 '나'의 제자에게도 다 잊으라고 말한다. "상준이는 좀 단순한 아이니까, 함께 공부하고 농담하고 영화도 보면 다 잊을 것"이라고 생각한다.

그러나, 과연 그럴까? 작가는 복수의 전말을 다 지켜본 상준이의 입을 빌려 말한다. "잊기는 어떻게 잊어요? 이미 봤는데 어떻게 잊어요? 이미 들었는데 어떻게 잊어요? 잊지는 못하고요. 누가 제일 나쁜 놈인가 그런 생각은 안 할게요. 그냥 이건 보통 일이 아닌 것 같고 난 머리가 나쁘니까 보통도 안 되는 놈이니까 지금은 생각해서 뭘 해요." 과연 그렇다. '이미 보고 들은 일을 잊는 것'만이 능사는 아닐 것이다. 중요한 일은 서둘러 '잊는 것'이 아니라, 오히려 더 잊지 않으려고 노력하는 일, 잘잘못의 엄중함을 따지는 게 아니라 그것이 '보통의 일'이라고 치부하지 않는 태도가 아닐까. "불행을 일반화, 불행을 평준화, 불행을 보편화해서 마음의 평화"를 얻는 게 중요한 것이 아니라 불행한 일이 어떻게 '보통의 일'이 되는지를 기억하고, 그 촘촘한 표면을 감각하고 말하는 일이, 앞으로 틀림없이 생겨날 어떤 불행을 막는 일이라는 것을 소설은 말하고 있다.

해석을 위한 질문

「보통의 시절」, 김금희

Q1 엄마가 있는 사람은 엄마가 있다는 사실이 '보통의 일'이지만, 엄마가 없는 사람에게 엄마가 없다는 사실은 '엄중한 일'입니다. 돈이 많은 사람은 부유하다는 사실이 '보통의 일'이지만, 가난한 사람에게는 빈곤하다는 사실이 힘겨운 삶의 무게로 작용합니다. 이는 우리가 어떤 현상을 인식하는 단순한 방식을 그대로 보여줍니다. 이와 관련한 경험이 있다면 나눠 봅시다.

Q2 '나'는 큰 오빠와 부모를 죽인 원수 김대천을 찾아가는 길에 어떤 중요한 사실을 깨달은 듯한 기분이 듭니다. 그것은 "누구를 용서하고 말고 할 것 없이 불행을 일반화, 불행을 평준화, 불행을 보통화해서 마음의 평화를 얻을 수 있다"라는 것입니다. 내가 겪은 고통이나 좌절이 나 혼자만의 것이 아니라, 다른 사람들도 어쩔 수 없이 겪게 되는 불행이라는 것을 인식할 때 지금 내가 느끼는 고통에서 조금은 벗어날 수 있다는 의미인데요. 이렇게 "불행을 보통화"하는 일에 대한 여러분의 생각은 어떠한 가요?

Q3 '나'는 고통을 견디게 하는 것은 '단맛'이라고 말합니다. "특별할 것 없고, 어떤 몽상들"로 가득한 삶일지라도 공부방 제자 상준이가 사 온 커피와 추로스를 먹으며 "어찌 되었든 오늘도 단맛이 있구나"라고 생각하는데요. "어찌 되었든" 여러분 삶에서 '단맛'은 무엇입니까?

한국단편
14

견디다가, 받아들이다가, 응시하게 되는 그 시간

김금희, 「너무 한낮의 연애」

● 김금희의 「너무 한낮의 연애」는 필용과 양희의 연애 이야기로 읽을 수 있겠지만, 한편으로는 우리 시대 청춘들의 불안을 그린 심리 이야기로도 읽을 수 있다. 필용은 직장에서 문책성 인사를 받고 영업팀장에서 관리 직원으로 밀려났다. "좌천은 사실상 권고사직이었지만 필용은 버티기로 했다." 인생 최대의 위기였다. 쓸쓸한 마음을 달랠 길 없던 필용이 점심 시간마다 찾는 곳은 종로에 있는 맥도날드였다. 누군가와 함께 점심을 먹는 것도 싫었고, 그렇다고 점심을 굶는 모습을 보이는 것도 자존심 상했으므로,

혼자 마음 편히 점심을 때울 장소로 맥도날드만 한 장소는 없었다. 그곳에서 필용은 우연히 16년 전 매일 맥도날드에서 만나 연애 감정을 키웠던 대학 후배 양희가 연출하는 연극 포스터를 발견하고는 놀란다.

필용은 양희의 연극을 보러 갈 것을 결정하면서 "연애는 아니더라도 연애 비슷한 무언가가 있었던 사람과 재회해서 서로가 서로를 인식하게 되면 어떻게 되는 건가, 아내에게는 큰 불만이 없는데 아들은 소중한데"라는 생각을 잠시 한다. 그리고 곧 필용은 양희의 연극을 보러 간다. 양희의 연극은 "이해할 수 없는 것들"로 가득 차 있어 난감하기 그지없었다. 대사 없이 배우가 관객 중에 한 사람을 무대로 불러내어 그 눈을 계속해서 들여다보는 것이 연극의 전부였기 때문이다. 필용은 어디서 웃어야 할지 박수를 쳐야 할지 몰랐다. 그런 "불가해한 연극"은 16년 전 양희의 모습과 닮아 있었다.

푸릇푸릇하던 그 시절 양희는 한심하고, 생기 없고, 무기력해 보였다. 필용이 "앞으로 펼쳐질 인생, 그 과정에서 반드시 이겨내야 할 어려움, 인생의 성취와 인정에 대해 상상"하고 떠벌리면서 청춘의 시간을 보냈다면, 양희에게는 오로지 "현재"라는 것만 있었다. 양희의 현재와 미래는 "안개처럼 부옇게, 분명 있지만 확실하지는 않게 풀풀 흩어지는 것에 가까웠다." 필용은 양희의 그런 삶의 방식을 이해할 수 없었지만, 그래도 양희와의 대화는 즐거웠으므로 계속해서 그녀를 만났다. 필용은 '미래'에 대해 앞서 질문하는 사람이었고, 양희는 '현재'의 의미를 새기는 사람이었다. 양희는 허풍스럽게 떠들어대는 필용의 말을 불평불만 없이 모두 받아주었다. 무엇보다 양희는 질문을 하지 않았다. 그런 양희가 필용은 너무도 편했다. 어느 날 갑자기 양희가 사랑 고백을 하기 전까지는.

"선배 나 선배 사랑하는데."라고 말하는 순간 필용은 적잖이 당황스러웠다. 연인으로까지 발전하기에 양희는 자격 미달이었기 때문이다. 볼품없는 외모와 매일 똑같은 옷과 신발은 게을러 보였고 무엇보다 여자로 느껴지지 않았다. 적당한 말을 찾지 못한 필용이 "사랑하면 어떻게 되는 건데?"라고 묻자, 양희는 "모르죠, 지금 사랑하는 것 같아서 그렇게 말했는데, 내일은 또 어떨지 모르죠. 또 그건 알 수도 없고. 알 필요도 없고"라고 말한다. 예상치 못한 양희의 말에 필용은 방심하다가 뒤통수를 얻어맞은 듯 어리둥절할 뿐이다. 고백은 자기가 먼저 해놓고 모른다니, 필용은 "모욕당한 기분"이 들었지만, 그 이후 이상하게도 '사랑'에 목매다는 쪽은 사랑을 고백한 양희가 아닌 고백을 받은 필용이었다. 필용은 양희에게 "오늘은 자신을 사랑하느냐"라고 매일 물어보고 확인을 받고 나서는 안심한다. 그러던 어느 날, 양희는 아무렇지도 않게, 심드렁한 목소리로 아무렇지도 않게 필용에게 말한다. "선배, 안 해요. 사랑"

의도치 않은 실연의 상처로 식음을 전폐하다가 자리를 털고 일어난 필용은 문산에 있는 양희를 찾아가 사랑을 고백하기로 한다. 그러나 막상 양희를 보자 말문이 막혀 버렸고 그길로 필용은 그냥 돌아온다. 필용은 양희를 만나러 가는 동안 그를 전율시켰던 사랑이 점차 사라져 없어져 버린 것을 깨닫게 된 것이다. '있었던 감정'은 없어져 버렸다. 필용은 어떤 감정이 그렇게

"무엇으로도 대체되지도 좀 다르게 변형되지도 않고 무언가가 아주 사라져 버릴 수 있음"을 비로소 이해한다. "불가해"하기만 했던 양희의 모든 것, 그러니까 그녀의 "무기력하고 소극적인 태도도 어쩌면 잘못 독해되어 왔던 건 아닐까 하는 생각"이 든다. 이제 필용은 양희를 조금이나마 이해할 수 있게 되었다. 양희는 그녀의 연극에서 보여주듯, "처음에는 견디다가 나중에는 받아들이다가 응시하게 되는 그 시간"을 묵묵히 따라가는 사람이었다. 하지만 그렇다고 해서 그들의 '사랑'이 "아주 없었던 것은 아니었다." "아주 없음이 아니라, 있다가 없어진 상태, 있지 않음의 상태"가 된 것 뿐이다. 분명 있었는데, 사라져 버린 상태인 것이다.

그제야 필용은 심한 "부끄러움과 슬픔"을 느낀다. 그동안 자신의 인생은 무언가를 계속해서 채워 넣은 상태, 꽉 찬 상태, '계속 있음'을 강박적으로 의식하는 삶이었다. '계속 있음'의 상태에서 무엇인가가 지워져 버릴 수 있다는 사실을 용인하지 못했다. 필용이라는 이름처럼 그는 "반드시 어떤 쓸모"가 있는 삶을 위해 달려왔다. 필용이 끊임없이 던지는 미래를 향한 질문은 불안으로부터 나왔다. 그러나 질문은 언제든지 바뀔 수 있고, 사라질 수도 있는 것이다. 필용은 어렴풋이 깨닫는다. 양희처럼 "견디다가, 받아들이다가, 응시"하지 못하는 제 자신을. 그것이 필용이 느끼는 '부끄러움과 슬픔'이라는 감정의 정체이다.

하지만 필용은 참지 못하고 또 묻는다. 그렇다면 "다른 선택을 했다면 뭔가가 바뀌었을까?", "얼마나 바뀔 수 있을까?" 이에 대한 소설의 대답은 심드

렁하다. "그런 질문들을 하기에 여기는 너무 한낮이라고." 너무 엉뚱한 대답이라 실망한 독자에게 소설은 또다시 펀치를 날린다. 바로 그 뜬금없고, 맥락 없고, 불가해하게 굴러가는 게 인생이 아니겠느냐고. 필용이 던지는 미래를 향한 질문, "그러면 이제 어떻게 해야 하는 거야?"라는 질문은 잠시 접어두자. 그런 질문으로 우리의 미래를 "알 수도 없고" 또 "알 필요도 없기" 때문이다. 우리가 할 일은 오롯이 "견디고, 받아들이고, 응시하는 일"일지도 모르니까.

해석을 위한 질문

「너무 한낮의 연애」, 김금희

Q1 양희가 갑작스럽게 사랑을 고백하자 필용은 당황해하면서, "그러면 이제 어떻게 하면 좋으냐고, 앞으로 우리 어떻게 되는 거냐고" 양희에게 묻습니다. 양희는 "지금은 사랑하는 것 같아 고백했는데, 내일은 또 어떨지 모른다"라고 딱 잘라 말합니다. 이에 필용은 양희에게 희롱당한 기분까지 느끼는데요. 이는 사랑에 대한 필용과 양희의 서로 다른 생각을 보여줍니다. 필용과 양희의 '사랑'에 대한 생각은 각각 어떻게 다른지 이야기해 봅시다.

Q2 필용과 양희의 사랑은 이루어지지 않았습니다. 그렇다고 그 사랑이 '아주' 없었던 것은 아닐 것입니다. 있었다가 없어진 사랑이라 할 수 있는데요. 작가는 이런 사랑에 대한 세밀한 차이에 대해서 말하고 있습니다. 그들의 사랑은 지금은 없지만, 분명 있었던 사랑이었으므로, 그들의 마음에 어떤 흔적으로 남아있을 텐데요. 필용과 양희의 가슴에 남아있는 흔적은 각각 무엇일지, 그들은 서로를 어떻게 기억하고 있을지 생각을 나눠봅시다.

한국단편
15

인간밖에 안 되는 주제에

최은영, 「쇼코의 미소」

최은영의 「쇼코의 미소」는 주변부로 밀려난 우리 시대 청춘들의 이야기이다. 십대와 이십대를 불안하게 지나가는 소설 속 인물들은 출렁거리는 인생의 다리를 아슬아슬하게 건너가는 중이다. 작가는 그 뒤를 담담히 따라가면서, 때로는 활기차게, 때로는 불안하게 겁먹은 청춘들의 표정들을 포착해 그려낸다. 예사롭지 않은 작가의 관찰력과 전달력은 바로 작가 자신도 그 흔들리는 다리를 건너는 사람들 중 한 사람이라는 동질감에서 비롯된 것이리라. 한 매체와의 인터뷰에서 작가는 여러 아르바이트를 두루 거치는 중에도 시간을 쪼개 글을 쓰고 있으며, 그래도 자신은 일을 하며 글을 쓸 수 있어서 운이 좋은 사람이라고 말한다. 소설집 마지막에 실려 있는 작가의 말에서 그녀는 "이 생에서 진실로 하고 싶었던 일은 글쓰기뿐이었다. 망상이고 환상일지도 모르지만 나는 글을 쓰는 사람으로 살고 싶었다"라고 고백한다. 그런데 소설을 읽은 독자라면 작가의 모습이 소설 「쇼코의 미소」의 주인공 '소유'의 모습과 빼닮았음을 어렵지 않게 알게 된다.

이 이야기가 단순히 청춘들의 흔한 '실패담'으로 읽히지 않는 이유는 무엇보다 소설 속 인물이 '실패에 대처하는 방식'이 남다르기 때문일 것이다. 주인공 '소유'는 자신의 욕망을 객관적으로 들여다본다. 욕망에서 생겨나는 불행을 나열하고 그것을 자신이 견뎌낼 수 있는 강단이 있는지 따져본다. 이렇게 '소유'는 꿈을 위해 끊임없이 자신을 탐구하는 인물로 그려진다. '소유'는 5년 동안 꾸준히 영화 시나리오를 쓰고 있지만, 그 '꾸준히'가 영화감독으로의 데뷔를 보장하지 않는다는 것을 진즉에 깨닫는다. 자신이 "창의적이지도 능동적이지도 않은 사람"이라는 것을 인정하고 나니 욕망에 대한 허울이 걷히는 것을 인식한다. 그래서 뭐든지 열심히 하면 성공할 수 있다는, 거의 허언에 가까운 이 시대의 명령을 가차 없이 폐기시켜 버린다. 그렇다고 해서 소설이 이 시대에 꿈같은 것은 아예 꾸지도 말라는 의미를 전달하는 것은 아니다. '꿈을 꾸기 위해 전제되어야 할 것들, 그로 인해 딸려 올 수 있는 불행들을 용인하고 잘라낼 수 있는지, 자신을 더 관찰'하라는 주문이다.

17세 여고생 '나', 소유는 엄마와 할아버지와 함께 살고 있다. 어렸을 때 세상을 떠난 아빠와 직장생활 때문에 바쁜 엄마를 대신해 그녀를 업어 키운 사람은 할아버지였다. 할아버지는 "평생 좋은 소리 한 번 하는 법 없이 무뚝뚝하기만 한 사람"이다. 소유에게 할아버지는 변치 않는 모습으로 늘 그 자리에 있는 사람이다. 이 둘은 가장 가까운 관계이기도 하지만 한 번도 서로의 속내를 내비치지 않은 데면데면한 사이이기도 하다. 어느 날 이들 가족에게 일본인 쇼코가 오면서 이야기는 새로운 양상으로 전개된다. 고등학교에서 실행한 일본 자매학교 교육프로그램으로 소유의 집에 머물게 된 쇼코는 일본말을 자유롭게 구사할 수 있었던 할아버지와 가까운 사이가 된다. 쇼코가 일본으로 돌아간 후에도 그들은 일본어와 영어로 각각 편지를 주고받는다. 쇼코와 할아버지의 친밀한 관계를 보면서 '나'는 자신도 몰랐던 할아버지의 모습을 알게 된다. 할아버지가 손녀인 자신을 자랑스럽게 생각한다는 사실, 할아버지의 젊은 시절 꿈이 화가였다는 사실, 할아버지가 무뚝뚝한 이유는 단지 부끄럽기 때문이었다는 사실 등 이 모든 것은 쇼코를 통해 알게 된 할아버지의 진짜 모습이다.

쇼코를 향한 소유의 마음은 알 수 없이 들락날락한다. "자신이 몰랐던 비밀을 할아버지와 공유했다는 질투, 내게 내내 연락하지 않았던 일에 대한 미운 마음, 일본에서 본 쇼코의 태도에 대한 거부감, 나의 불안정한 처지에 대한 방어심, 그 모든 감정들이 하나로 모여서 차가운 마음으로 굳어"지기도 하고, 약물에 의지해서 살아가는 쇼코의 나약한 모습에서 소유는 "자신이 쇼코보다 정신적으로 더 강하다"라는 우월감에 휩싸이기도 한다.

소유는 자신은 하고 싶은 일을 하고 있었으므로, 답답한 쇼코의 삶과는 "전혀 다른, 자유롭고 생생하게" 산다는 자부가 있었다. 대학을 졸업하고 자리를 잡는 친구들을 보고는 "자신이 진심으로 원하는 일이 무엇인지도 모르면서 단지 돈과 안정만을 좇는다고" 마음으로 비웃었다. "연봉이 많은 남자와 결혼하는 친구는 볼 것도 없이 속물이었고, 직장 생활에서 서서히 영혼을 잃어간다고 고백하는 친구를 이해해 주는 척하면서 속으로는 고소하다고 생각했다." 그래서 "자신은 꿈을 따라가기 때문에 누구보다 의미 있는 삶을 살고 있다는 확신"이 들었다. 그들의 삶은 무의미하고 '나'의 삶은 의미가 있는 삶이라고 스스로를 위로했다. 그러나 현실은 여지없이 삶의 논리로 작동했다. '나'는 "늘 돈에 쫓겼고, 알바 자리를 잡기 위해 애를 썼으며, 돈 문제에 지나치게 예민해졌다." 무엇보다 힘들었던 것은 자신의 글이 "평생을 써도 아무 의미 없는 장면들만 만들어 내리라는 공포"였다. "순결한 꿈은 오로지 이 일을 즐기며 할 수 있는 능력 있는 이들의 것이었다." "재능이 없는 이들이 꿈이라는 허울을 잡기 시작하는 순간, 그 허울은 천천히 삶을 좀 먹어간다"라는 사실을 '나'는 뼈아프게 인정할 수밖에 없었다.

"새벽에 눈을 뜨면 사람은 아무것도 아니라는 생각이 들었다. 심지어 우리가 밟고 있는 이 단단한 땅도 결국 흘러가는 맨틀 위에 불완전하게 떠 있는 판자 같은 것이니까. 그런 불확실함에 두 발을 내딛고 있는 주제에, 그런 사람인 주제에 미래를 계획할 수 있다고 생각했다니"

'나'가 어렴풋이 알게 된 것이 하나 더 있다. '인간은 불완전하므로, 그런 주제에, 겨우 인간밖에 안 되는 주제에 완전한 미래를 계획하려고 했다니, 인간은 인간이라는 존재를 너무 과대평가해왔던 것'은 아닐까,라는 생각이다. 적어도 이제 '나'는 "창작이 자신에게 자유를 가져다줄 것이고, 나로부터 나를 해방시킬 것이고, 내가 머무는 세계의 한계를 부술 것이라는 생각"은 하지 않는다. 오히려 꿈이 나를 속박하고, 나를 끊임없이 열등감에 시달리게 할 것이며, 하루에도 몇 번씩 천당과 지옥을 오가게 할 것이며, 매일 밥 먹듯이 불안을 삼키게 할 것이며, 그 사실은 너무나도 명백하다는 것에 고개를 끄떡인다. 그리고 그렇게 험난한 과정을 거쳐 정말로 꿈이 실현되는 날이 오더라도 그 영광과 기쁨은 잠시뿐이며 지속되지는 않으리라는 냉혹한 사실과 나아가 꿈을 이루든, 못 이루든 그건 그리 대단한 게 아니라는 냉담하기 그지없는 사실까지 받아들인다.

그럼에도 불구하고 소설은 애쓰는 자기 자신을 너무 모질게 대하지는 말라고 당부한다. 거듭 실패하는 자신이 모자라고 부족하다는 이유만으로 "미워하고 부당하게" 대하는 것은 온당치 못하다고 말이다. 왜냐면, 우리는 그저 '인간밖에 안 되는 아직 미숙한 존재'이기 때문이다. 미숙한 존재들끼리의 멸시와 혐오라는 말은 가당치 않다. 그러니, 따뜻하게, 진심으로, 깊게 서로를 바라보자. 미숙하더라도, 이 정도는 할 수 있는 게 인간이기도 하니까.

해석을 위한 질문

「쇼코의 미소」, 최은영

Q1 소유는 쇼코를 통해 할아버지에 대한 새로운 사실을 알게 됩니다. 할아버지가 손녀인 자신을 자랑스럽게 생각한다는 사실, 자신과 빼닮은 손녀를 많이 사랑한다는 것, 할아버지의 젊은 시절 꿈이 화가였다는 사실 등 이 모든 것은 쇼코와의 대화를 통해 알게 된 것입니다. 가족은 가장 가깝고도 또 멀게 느껴지는 사이기도 합니다. 가족이나 친구 등 가장 가까운 사람이 멀고, 낯설게 느껴졌던 경험이 있으면 들려주세요.

Q2 소유는 영화감독이 되고 싶었지만, 현실의 벽에 부딪혀 그 꿈을 접고 맙니다. 이는 비단 소설 속에 등장하는 소유만의 이야기는 아닐 것입니다. 우리 시대 꿈을 접고 살아가는 수많은 청춘들에게 어떤 말을 들려주고 싶으신지요. 이야기를 나눠 봅시다.

Q3 소설의 주인공 '나'의 이름은 '소유'입니다. '소유'는 크게 '무엇인가를 가진다'라는 소유(所有)라는 뜻과 '물이 흐르는 대로 따라간다'라는 소유(溯游)라는 의미로 읽을 수 있습니다. 소설에서 이 두 개의 개념은 어떻게 해석할 수 있을까요? 생각을 나눠 봅시다.

한국단편
16

오래도록 남겨지는 일

최은영, 「미카엘라」

● 2014년에 일어난 세월호 사고는 우리에게 지울 수 없는 상처로 남아있다. 어린 자식이 침몰하는 배와 함께 가라앉는 것을 그대로 지켜볼 수밖에 없었던 부모들의 가슴은 갈기갈기 찢어졌고, 그 모습을 바라보는 사람들도 피를 토하는 심정으로 그들과 함께 울었다. 부모들은 '왜 배가 침몰했는지, 국가는 왜 아이들을 구해내지 못했는지'에 대한 진상을 규명하기 위해 생계를 접고 이곳저곳을 뛰어다녔지만 세상의 반응은 차가웠다. '지겹다, 이제 그만하라'와 같은 말들은 큰 상처가 되어 자식을 잃은 부모들

을 또 한 번 죽였다. 최은영은 소설 「미카엘라」를 통해 세월호 사건으로 소중한 사람을 떠나보낸 이들의 상처와 고통을 어루만지는 애도의 윤리에 대해 말한다.

생계를 책임진 '여자'는 시골 작은 마을에서 미용실을 운영하며 하나밖에 없는 딸 '미카엘라'를 애지중지 키웠다. 그 소중한 딸이 서울에 있는 대학에 진학하여 졸업을 하고 어엿한 성인이 되어 자리를 잡게 되었을 때, '여자'는 세상을 다 가진 듯 행복했다. 그러나 어느 날 갑작스레 발생한 세월호 사고는 '여자'에게도 깊은 상처가 되었다. '그 애들'은 '여자'에게 미카엘라와 다름없는 자식같이 느껴졌기 때문이다. 그 일이 있은 후, '여자'는 "자주 눈물을 훔쳤다. 마음은 불에 덴 것처럼 따갑고 욱신거렸다."

미카엘라에게 세월호 사건은 빠르게 잊혀갔다. "언제나처럼 시간은 흘렀고, 사람들 마음의 통증도 무뎌졌다." 미카엘라에게는 세월호 사건을 애도할 수 있는 삶의 여유가 주어지지 않았다. 더구나 "세상은 참으로 빨리도 그 일을 잊어버리고 없던 일로 덮어두자 했다." 미카엘라의 나이 서른하나. 그녀가 깨달은 세상은 견고했다. "그녀 또래의 이들은 함께 힘을 모아 무엇 하나 바꿔보지 못했다. 무엇이 잘못된 것인지 안다고 해서 바꿀 수 있는 건 아니라는 걸 그녀는 20대를 통해 깨쳤다." 그래서 미카엘라는 "세상과 맞서 싸우고 싶지 않았다. 승패가 뻔한 링 위에 올라가고 싶지 않았다. 그녀에게 세상이란 마음에 들지 않더라도 수그리고 들어가야 하는 것이었고, 자신을 기꺼이 소외시키고 변형시켜서라도 맞춰 살아가야 하는 것이었다. 부딪혀 싸우기보다는 편입되고 싶었다." 그러므로 미카엘라에게는 선택의 여지가 없었다. 그것이 최소한 자신 '하나'는 살릴 수 있는 길이었기 때문이다. 선택지가 주어지는 건, 선택을 할 수 있는 사람들에게나 부여된 혜택일 뿐이었다.

가톨릭 신자였던 '여자'는 어느 날 한국에 온 교황이 집전하는 미사에 참여하기 위해 서울로 상경한다. 그러나 바쁜 딸에게 부담을 줄까 염려되어 '여자'는 미사 후 광화문 근처 찜질방으로 가서 하룻밤을 보내기로 한다. 찜질방에서 우연히 만난 낯모르는 노인은 자신이 아끼는 동무의 손녀가 세월호 사건으로 희생되었다는 사연을 '여자'에게 들려준다. 노인은 자신의 상처에 진심으로 울어주던 그 동무가 혼이 빠진 상태로 광화문을 헤매고 다닌다는 소식을 듣고 가만히 있을 수 없어서 그를 찾기 위해 광화문까지 오게 되었다고 흐느낀다. "노인이 말을 다 끝냈을 때, '여자'도 같이 울고 있었다." '여자'는 그 길로 노인을 부축해서 함께 그 동무를 찾으러 광화문으로 간다.

미카엘라 또한 연락이 닿지 않는 엄마를 TV에서 우연히 보고 광화문으로 간다. 그곳에서 미카엘라는 안타깝게 목숨을 잃은 영혼들을 찾아 나선 다른 가족들을 본다. 그 많은 사람들 중에서 자신의 엄마를 발견한 미카엘라는 큰 소리로 "엄마!"하고 부른다. 그러나 뒤를 돌아 본 사람은 엄마가 아니었다. 미카엘라는 다시 힘껏 "엄마!"라고 불러보지만 그 누구도 그녀의 엄마는 아니었다. 소설은 노인이 찾는다는 동무 손녀의 세례명이 미카엘라이고, '여자'의 딸 세례명도 미카엘라라고 말해준다. 광화문에는 셀 수 없이 많은 '여자'들이 있었고, 그녀들의 수많은 딸 들인 미카엘라가 있는 셈이었다. 광화문은 이렇게 '나'와 '당신'의 슬픔이 이분법적으로 나뉘지 않는 공간이었다. 누구나 미카엘라의 엄마였고, 모두가 미카엘라였다. 누구나 슬펐고, 그들은 그 슬픔에 함께 동참했다. 이것이 타인의 슬픔을 나와 상관없다는 태도로 일관하는 이 세상에 대해 작가 최은영이 보여주는 애도의 윤리이다. '구분 짓지 않는 슬픔'이 나와 당신을 진실로 위로할 것이기 때문이다.

"다친 마음을 마음껏 짓밟고도 태연한 이 세상에서 그이들이 더 이상 상처받지 않기를 원했다."

분명한 것은 누군가는 오래도록 남겨진다는 사실이다. 사랑하는 사람을 떠나보내고 '남겨지는 일'은 가혹하다. 그래서 슬픔에 대한 애도의 윤리는 바로 이 '남겨지는 일'에 대한 것이어야 한다. 타인의 고통과 슬픔을 외면해 버리는 삭막한 세상이라지만, 그래도 우리가 끝내 지켜내야 하는 것은 손쉽게 잊고, 후딱 지워버리는 간편함이 아니라 힘겹게 기억하고 아프게 애도하는 일이 되어야 하지 않을까. 타인의 아픔에 대한 냉담한 '무관심'은 그 자체로 누군가에게 상처를 주는 일이 될 수 있음을 이 소설은 아프게 말하고 있다.

해석을 위한 질문

「미카엘라」, 최은영

Q1 ‘미카엘라’는 세월호 사건으로 희생된 소녀의 세례명이기도 하고 지방에서 교황을 만나기 위해 상경한 ‘여자’의 딸 세례명이기도 합니다. 한 명은 누군가의 죽은 딸이고, 한 명은 여자의 살아 있는 딸입니다. 두 사람에게 같은 명칭을 지칭한 것은 작가의 의도라고 볼 수 있는데요. 작가가 이렇게 ‘미카엘라’를 지칭한 이유는 무엇일까요? 생각해 봅시다.

Q2 소설은 ‘애도’하지 못하는 이 시대 청춘들의 고된 현실을 말합니다. 서른하나의 미카엘라는 젊은 사람들이 힘을 모아도 세상은 꿈적도 하지 않는다며 좌절합니다. 이는 “실패가 뻔한 링 위에 올라가는 것보다는 최소한의 안전망을 확보한 뒤, 링 위에 올라가겠다는 청춘들의 심리를 반영하는데요. 우리 시대, 성패가 정해진 듯이 보이는 링과 최소한의 안전망이 갖춰진 링이 무엇인지에 대해 논의해 봅시다.

한국단편
17

결핍이 부족해

최진영, 「겨울방학」

● 태어나 줄곧 도시의 아파트에서만 살아온 이나는 아홉 살 되던 해 겨울방학을 맞아 시골 변두리에 있는 고모네 집에서 지내기로 한다. 아빠는 이나를 고모에게 데려다주면서 언제든 집에 돌아오고 싶으면 전화를 하라는 말을 남기고 떠난다. 그때부터 이나는 고모와 둘이서 살게 되는데, 이나가 보기에 고모는 이상하면서도 재미있는 사람이었다. "이나와 둘만 있을 때 고모는 어른인데도 아이처럼 말했고, 아이처럼 어지럽히고 질문하고 겅중겅중 뛰었다. 이나는 그런 고모가 싫지 않았다."

이나가 보기에 고모는 좀 많이 '가난한' 어른이었다. 이나 집에는 세 가족의 신발이 50켤레도 넘었지만, 고모네 신발은 달랑 2켤레뿐이었고, 고모 집은 아파트도 아니었으며, 집에 텔레비전도 침대도 없었다. 그리고 통장에 돈도 없는 눈치였다. 그럼에도 고모는 매번 "이 정도면 충분해"라고 말했다. 고모는 자신의 형편과는 상관없이 이나와 아주 잘 어울렸다. 이나는 고모와 롤러스케이트장에도 가고 패밀리 레스토랑에서 저녁을 먹고, 코인 노래방에서 노래를 부르고 춤도 추며 놀았다. "큰 서점 구경도 함께 갔고, 보드게임 카페에서 게임을 했고 만화방과 목욕탕에도 갔다. (…) 김밥을 말아먹고 만두를 빚어 먹었다. 기차를 타고 바다에도 다녀왔다." 그런데 이렇게 "고모가 자기와 놀기를 선택한 순간부터 이나는 고모의 가난을 생각하지 않았고, 고모의 신발도 신경 쓰지 않게" 되었다. 이상한 일이었다.

이제 어른이 된 이나는 "고모와 함께한 그 겨울을 떠올릴 때마다 묘한 기분에 빠졌다." 그것은 설명하기 어려운 것이었지만, 그때 고모의 그 미소가 행복해 보였다는 것만은 확실히 기억한다. 그리고 이제는 정말 알 것도 같다. 고모가 중얼거리며 했던 "이 정도면 충분해"라는 말의 의미를. 고모에게 가난은 그리 큰 문제가 되지 않았다는 것을. 어쩌면 고모의 그 중얼거림은 삶에서 정말 중요한 것이 무엇인지를 스스로 알게 하는 고모만의 방식이었다는 것을.

일부러 부족함을 경험하려고 하는 사람은 없을 것이다. 그러나 어쩔 수 없는 것이었지만, 고모는 기꺼이 '결핍'을 누리는 삶을 택했다. 그러면서 고모는 부족한 삶도 꽤 괜찮다는 사실을 알게 되었고, 그러다 보니 정말로 '그 정도면 충분한 상태'가 되어버렸다. 아니, 부족한 삶이 더 행복했다. 무엇인가를 '채우는' 삶보다는 '덜어내는' 삶이 훨씬 고모에게 더 많은 삶의 여유를 선사해 주었다. 고모가 싸워야 할 것이 있다면 가난 그 자체가 아니라, 채우지 않아서 생기는 불안이었다. 그러니까 "이 정도면 충분해"라는 고모의 말은 가난이 주는 불명확한 불안으로부터 자신을 탈출시키는 해방의 언어였다는 사실을 어른이 된 이나는 어렴풋이 깨닫는다. 이제 고모는 가난에 휘둘리지 않게 되었고, 그것으로부터 조금 자유로워졌을 거라고.

풍요의 시대다. 어디를 가던 볼거리 먹을거리 즐길 거리가 넘쳐난다. 그런데 이 풍요로움 속에서도 왠지 모를 공허를 느끼며 살아가는 사람들에게 정작 필요한 것은 더 채워 넣으려는 욕망이 아니라 빈 공간을 마련하려는 노력이 아닐까. 소설은 '풍요'가 우리를 정말로 행복하게 하는가에 대해서 질문하는 동시에 '결핍'은 정말로 우리를 불행하게 만드는가'를 따진다. 끊임없이 채우기만 하는 과잉의 삶은 육체든 정신이든 터질듯한 비만의 상태로 우리를 몰아갈 뿐이다. 조금 덜어내고 비워내야 그나마 삶에 조그만 빈틈이라도 생기지 않겠는가. 그래야 그 빈 공간에 들어가 사람이 쉴 수 있지 않겠는가, 삶에 관한 의지와 생각들도 그 빈틈에서 생겨나지 않겠는가, 라고 말이다.

해석을 위한 질문

「겨울방학」, 최진영

Q1 최진영의 「겨울방학」은 우리 시대 '풍요'와 '결핍'에 대해서 생각해 보게 합니다. 풍요에 집착하지 않고 결핍을 실천하는 고모는 늘 "이 정도면 충분해"라고 말합니다. 지금 우리의 삶에서 '풍요로운 것'은 무엇이고 '부족한 것'은 무엇인지 의견을 나눠 봅시다.

Q2 우리의 삶에서 부족해도 괜찮을 만한 것은 무엇이 있는지 곰곰이 생각해 봅시다. "이 정도면 충분해"라고 말할 수 있는 것을 생각해 봅시다.

Q3 지금 시대는 행복의 원인을 풍요에서 찾고, 결핍은 불행의 원인이라고 생각하는 경향이 있습니다. 뭔가를 차고 넘치게 가지면 행복하고, 모자라거나 부족하면 행복과는 거리가 멀다고 여기는데요. 그렇다면 여러분이 생각하는 행복은 무엇인지 말해 봅시다.

한국단편
18

더 나빠지고 싶지 않아

최진영, 「돌담」

어린 시절 '나'에게는 마음을 나누는 친구가 있었다. 이름은 '장미루'였는데 그냥 장미라고 불렀다. '나'는 말수가 많지 않았던 장미를 무척이나 좋아했다. 장미는 경쟁하는 놀이는 좋아하지 않았고 그래서 '가위바위보'와 같은 놀이도 하지 않았다. '나'의 눈에는 늘 수첩에 무엇인가를 적는 장미의 행동이 품격이 있어 보였다. 그리고 장미는 2층 양옥집에 살 만큼 부자였다. '나'에게 장미는 늘 부러움의 대상이었다.

'나'는 그런 장미를 평소 자신의 집에 초대하고 싶어 했지만 그럴 수 없었다. 자신의 가난한 형편을 장미에게 보여주는 것이 창피했기 때문이다. 그러던 어느 날 엄마가 지금 사는 판잣집보다 더 좋은 집으로 이사를 간다고 했다. '나'는 엄마가 말한 그 새집이 양옥집일 거라고 찰떡같이 믿어버리고, 이사하는 다음 날 자신의 집에 장미를 초대하는 약속을 한다. 그런데 막상 이삿날 자신이 살 집에 가보니 방 한 칸이 더 있을 뿐인 낡은 판잣집이었다. 그런 집에 장미를 데려올 수는 없었으므로, '나'는 장미와 만나기로 한 약속 장소에 나가지 않았다. 장미가 가지 않고 끝까지 자신을 기다릴 것을 알았지만, 그렇다고 장미를 만나러 갈 수는 없었다.

밤이 되자 아직 귀가하지 않는 장미를 찾느라 온 동네가 발칵 뒤집혔다. 장미 엄마는 장미를 찾아 미친 듯이 동네 구석구석을 헤매고 다녔다. '나'는 덜컥 겁이 났다. 담임 선생님은 '나'에게 전화를 걸어 장미의 행방을 물었다. '나'는 놀란 채로도 거짓말을 했다. "장미루랑 정문에서 만나기로 했는데 장미가 나오지 않아서 기다리다가 집에 왔어요"라고.

전화를 끊고 '나'는 그 길로 장미와 만나기로 한 약속 장소에 달려갔다. 장미는 그 자리에 그대로 가만히 잠들어 있었다. '나'는 장미를 깨워서 엄마가 찾는다고 말해주고 바로 뒤도 돌아보지 않고 내달렸다. '나'는 그때 자신이 "도망치고 있다는 걸 알았다." 그런데 "무엇 때문에 도망치는지는 몰랐다."

어린 시절의 그 기억과 감정이 떠오른 건 어른이 되고 나서다. 회사에 다니는 '나'에게 없어진 줄 알았던 그 부끄러움은 전혀 다른 사건에서 그대로 환기된다. 서울에 있는 장난감 회사에 다니던 '나'는 어느 날 회사에서 사용이 금지된 독성이 있는 화학 첨가제를 장난감에 쓰고 있다는 사실을 알게 된다. "그 첨가제를 쓰면 제품이 훨씬 부드러워진다고 했다." 그것이 '프탈레이트 가소제'라는 것도 알게 된다. '나'는 과장과 부장을 만나 회사가 하면 안 되는 짓에 대해서 말해 보았지만, 받아들여지지 않았다. 부장은 장난감에 독극물을 조금 쓴다고 해서 사람이 당장 죽지는 않을 것이라고 했다. '나'는 생각했다. '그렇다. 죽지는 않을 것이다.' "병들 뿐이다. 병들어 죽을 때, 어느 누가 어릴 적 갖고 놀던 장난감이 원인이라고 지목하겠는가."

그래서 '나'는 또 입을 닫고 나빠지기로 한다. 매달 내야 하는 원룸 월세와 생활비가 '나'의 정의로움을 막아섰다. 그렇게 침묵하며 회사가 주는 월급을 받아먹었다. '나'는 모르는 채로 '괜찮겠지'라고 스스로 위안하며 나쁜 짓에 가담했다. 그렇지만, 계속 괜찮지는 않았다. 어린 시절 친구 장미에게 가졌던 부끄러움이 자꾸 떠올랐다. 그 과거의 부끄러움이 현재의 부끄러움을 소환했다. "월급이 통장에 찍힐 때마다 '나'는 돌담을 쌓듯 모욕감을 쌓아"갔다. "겁낼 것은 없었지만 겁이 났고, 내가 잘못한 것은 아니지만 내 잘못도 있다"라는 것을 확인했다. "돌아보기 싫은 감정이라 대충 쌓아 뒀던 그것이 흔들리고 있었다." 그래서 더 나빠지기 힘들었다.

"그때 내가 무엇을 피하려고 했는지 이제는 안다. 내가 어떨 때 거짓말하는 인간인지, 무엇을 부끄러워하고 무엇에서 도망치는 인간인지 생각하기 싫었다. 그런 나를 내게서 빼고 싶었다. 그래서 잊고 살았다. 비슷한 일이 반복될수록 더 잊으려고 했다. 결국 나는 나쁜 것을 나누며 먹고사는 어른이 되었다. 괜찮지 않다는 걸 알면서도 괜찮겠지, 괜찮겠지, 아직은 괜찮겠지, 기만하는 수법에 익숙해져 버린 형편없는 어른."

'나'는 회사를 고발하고 그만둔다. 그러나 "아무것도 달라지지 않았다. 공장은 계속 돌아갔다. 언젠가는 단속에 걸리고 수거 명령을 받을 수도 있다." 그게 아니라면 나의 신고와 상관없이 회사는 계속 영업을 이어나갈 수도 있을 것이다. 그래도 '나'는 상관없다고 생각한다. 중요한 것은 수치심으로부터 나를 구해내는 일이었으니까. '나'는 회사를 고발하고 그만두는 방법으로 더 나빠지려는 자신을 지켜냈다. 그래서 자신에게 떳떳하다. '자신을 지켜내는 일'은 자신에게 있을 손해를 감수하고서라도 더 나빠지지 않으려는 인간적 노력일 테다. 그것은 더 좋아지려는 욕망이 아니라 다만 더 나빠지지 않기 위한 노력이다.

해석을 위한 질문

「돌담」, 최진영

Q1 　'나'는 "괜찮겠지"라는 말로 위험을 피해 가려고 합니다. 그러면서 "문제 삼지 않으면 문제 될 게 없는 거야"라는 부장의 말을 수긍합니다. 현대인의 삶에서도 비슷한 경우가 있을 것 같은데요. 우리의 삶에서 "괜찮겠지"라고 말할 때는 언제일까요?

Q2 　이 소설은 수치심이라는 감정을 다룹니다. 사전에 따르면 수치심이란 "스스로에게 떳떳하지 못한 마음" 상태를 말합니다. 주인공 '나'는 친한 친구에게 했던 행동으로 마음에 수치심을 안고 살아가는데요. 보통의 경우 사람들은 수치심을 느끼면 그 감정을 어떻게 처리하는지 여러분의 경험이나 생각을 나눠봅시다.

Q3 　소설에서 '나'는 '더 나쁜 어른이 되지 않기 위해' 직장을 그만두는 선택을 합니다. 앞으로 생활은 어려워질 수 있지만, 마음만은 떳떳하다고 느끼는데요. 여러분은 이러한 '나'의 선택과 결정을 어떻게 생각하십니까?

한국단편
19

통각의 상실

한강, 「회복하는 인간」

다정한 자매 사이였던 '당신'과 언니는 점점 멀어지다가 이제는 돌이킬 수 없는 사이가 되고 말았다. '당신'과 언니가 완전히 갈라진 시점은 언니가 대학생이던 시절 소파 수술을 받기 위해 병원에 갔을 때 '당신'이 보호자로 따라가고 난 후부터다. 수술을 마치고 나온 언니는 '당신'이 그 "비밀을 언제까지나, 부모에게는 물론 누구에게도 발설하지 않고 끝까지 짊어질 유일한 사람이라는 것을 알고 있었지만", 이상하게도 언니는 '당신'의 눈을 피하기 시작했다. 언니는 '당신'과 말조차 섞으려고 하지 않았다. 그 후 수년간 '당신'은 언니의 마음을 얻기 위해 애써 봤지만 소용없는 일이었다. 애틋했던 자매의 관계는 그걸로 끝이 났다.

어린 시절부터 '당신'과 언니는 하나부터 열까지 전부 달랐다. 훤칠한 키에 이목구비가 뚜렷했던 언니는 예뻤지만 '당신'은 언니만큼은 아니었다. 사람들은 '당신'이 언니를 질투할 것이라고 예상했지만 현실은 정반대였다. 언니는 '당신'의 "고지식하고 고집이 센 것을, 당신이 신통찮은 전공을 택한 것을, 서른을 넘기도록 제대로 된 연애 한번 해보지 못한 것을, 부모와 관계가 좋지 않아 경제적 도움을 거의 받지 못한 것을." 그런 불안정한 '당신'의 삶 모두를 부러워했다. '당신' 입장에서는 이해할 수 없는 일이었다.

'당신'과 언니는 서로를 아끼고 좋아하면서도 자신에게 없는 부분을 상대에게서 발견하고 부러워했다. 그 둘은 서로가 비교의 대상인 동시에 욕망의 대상이기도 했다. '당신'은 언니의 삶에서 제 삶의 부족한 부분을 찾고 위로를 받았으며, 언니는 '당신'의 삶에서 제 삶의 치부를 발견하고 못 견뎌 했다.

내가 욕망하는 대상이 불행해지는 걸 지켜보는 일은 한편으론 꽤나 짜릿한 일이라는 것을 소설은 보여준다. 다른 누구도 아닌 같은 자궁에서 태어난 피붙이 언니가 피 흘리며 죽어가는 모습을 곁에서 지켜보면서 '당신'의 마음에서 일어나는 기쁨을 소설은 포착한다. 언니가 암 선고를 받고 병원에 실려 다닐 때 '당신'은 "미칠 듯한 기쁨을 느꼈다"라고. 어떻게 가족끼리 그럴 수 있느냐고, 그럴 수 있다고, 인간은 그럴 수 있는 존재라고, 소설은 답한다.

그러나 언니의 불행이 '당신'의 행복을 계속해서 충족시켜주지는 못했다. 병으로 죽어가는 언니를 보면서 '당신'이 언니에게 품은 미움과 행복도 동시에 멈췄다. 당연한 결과였다. '당신'의 미움과 행복은 언니의 고통에서 비롯된 것이기 때문이다. 그러나 언니를 떠나보낸 후 '당신'은 알 수 없는 행동 하나를 반복한다. 자꾸만 자신을 '잊어버리는 것'이었다. '당신'은 자신이 어떤 사람이었는지 잊어버리고, 산에서 비끗해서 점점 심해지는 발목의 통증도 잊어버린다. 그러다 '당신'은 망각하는 인간이 되고 만다.

"당신은 자꾸 잊어버린다. 당신은 이미 잊었다. 자신이 얼마나 재치 있는 농담을 좋아하는 사람이었는지, 나름으로 옷차림에 신경을 쓰는 사람이었는지 잊었다."

'자신을 잊는 것'과 동시에 '당신'은 어떠한 "기쁨도 느끼지 않는다." 언니가 병으로 세상을 떠난 이후 '당신'은 더 이상 '기쁨'을 느끼지 못하는 인간이 되고 말았다. 당신이 "그 어떤 것으로부터도 회복되지 않게 해달라고" 중얼거리는 이유는 자신에게 내리는 벌(罰)이라고 해야 할까. 인간이 기쁨과 행복, 아픔과 슬픔을 느끼지 못하게 된다면, 어떤 의미로 세상을 살아갈 수 있을까. 소설은 이렇게 섬세한 필치로 한 인간이 통각의 기능을 상실해가는 과정을 천천히 따라간다. 소설은 끝났고 우리는 남겨졌다. 이제 우리는 소설에 대한 어떤 대답을 마련해야 하는 의무를 느낀다. 우리의 미움과 행복은 어디를 향해있는지를, 그다음에는 무엇이 남게 되는지를. 메마른 인간이 되는 걸 원하지 않는다면 말이다.

해석을 위한 질문

「회복하는 인간」, 한강

Q1 한강의 「회복하는 인간」은 자매 사이에서 벌어지는 미움과 질투, 욕망에 관한 이야기입니다. 언니는 누구에게도 알리고 싶지 않은 자신의 비밀을 '당신'이 하나씩 알아갈 때마다 동생인 '당신'을 멀리하는데요. '안다'라는 사실이 마음의 상처가 될 수 있다는 것을 소설은 보여줍니다. 이와 같은 언니의 심정이 무엇인지 이해해봅시다.

Q2 동생인 '당신'은 언니의 고통과 불행을 보면서 "참을 수 없는 기쁨"을 느낍니다. 가장 친밀한 관계였던 자매 사이는 그렇게 멀어지고 마는데요. 동생이 언니의 불행을 보면서 행복을 느끼는 감정 상태는 무엇인지 이해해봅시다.

Q3 이 소설은 '친밀한 관계'에 대해 생각하게 합니다. '친밀한 관계'는 어떻게 지켜질 수 있을까요. 서로 무엇을 지키고, 무엇을 가꾸어야 할까요. 생각을 나눠봅시다.

한국단편
20

언제가 끝인지만 알 수 있다면

한강, 「작별」

소설 「작별」은 한 여자가 어느 날 갑자기 눈사람이 되어 버리고 난 후 일어나는 이야기를 그린다. '그녀'는 "벤치에 앉아 깜박 잠들었다가 깨어났는데" 거짓말처럼 눈사람이 되어 버린 자신을 발견한다. 이혼한 후 고등학생 아들과 살고 있는 '그녀'는 지금 7살 연하의 현수 씨와 목하 열애 중이다. '그녀'는 현수씨의 전화를 받고 자신이 갑자기 눈사람이 되었다고 고백한다. 그 말을 들은 현수 씨는 바로 "웃음을 터뜨렸다." 그리고 약속 장소에 도착하여 정말로 눈사람이 된 '그녀'를 보고 난처해져 버렸다. "농담인 줄 알았는데"라고 말하면서.

연인 중에 한 사람이 눈사람으로 변하자 둘이서 함께 할 수 있는 일은 거의 없었다. "실내에 들어갈 수 없으니 함께 저녁을 먹거나, 카페에서 따뜻한 차를 마실 수도 없었었고", 현수 씨가 '그녀'의 손을 잡아 줄 수도, 입을 맞출 수도, '그녀'를 따뜻하게 끌어안을 수도 없었다. 그들이 할 수 있는 일은 함께 걷는 것 말고는 아무것도 없었다.

'그녀'의 형편은 그리 넉넉하지 못했다. 그래서였을까. '그녀'의 삶은 불확실한 미래에 대한 대비로 점철됐다. '그녀'는 "수첩에 연도를 적어가며 앞날을 계획"하는 사람이었다. "실직의 가능성을 대비하고, 병에 걸리거나 사고를 당할 경우"를 대비해 저축을 하고 필요한 부분들을 챙겼다. '그녀'의 삶은 언제나 미래를 위한 대비로만 채워진 삶이었기 때문에 지금 순간을 사는 일은 부재했다. '지금'을 살면서도 바로 그 '지금'이 상실된 그런 삶이었다. 그러나 자신이 눈사람으로 변하는 상황은 '그녀'가 가진 불안의 목록에는 '없는 일'이었으므로 아무것도 대비하지 못했다.

'그녀'는 생각했다. "언제가 끝인지만 알 수 있다면" "그것만 안다면 미래를 준비하는 이 모든 일은 쉬워질 텐데. 착오 없이 분명해질 텐데, 깨끗해질 텐데"라고. 그러나 끝이 언제인지를 안다는 것은 불가능한 일이었으므로, '그녀'는 계속해서 자신이 대비할 수 있는 미래를 위해서만 현재를 살았다. 그렇게 '그녀'는 미결인 채로 살아갔다.

그러나 현수 씨의 삶은 달랐다. 그에게 미래를 위한 대비 같은 건 없었다. 아니, 불가능했다. 너무 가난했기 때문에 미래를 생각할 수조차도 없었다. 그는 돈 없이 버티는 요령을 터득해서 나름대로 살아가는 방법을 알았다. 현수 씨는 가난 속에서도 잘 버티는 사람이었다. "사정이 좋지 않을 때엔 하루에 한 끼씩 맨밥만 먹고, 누구도 만나지 않으며 가족에게도 전화하지 않았다." 낮에는 줄곧 방에서 시간을 보냈으며, 길에서 파는 음식 냄새를 견딜 수 없어서 산책은 이른 새벽에만 했다. 그야말로 현수 씨의 삶은 지금을 '견뎌내는 것'이 전부인 그런 삶이었다.

미래를 '대비하는 삶'과 현재를 '견디는 삶'은 각각 무엇을 말해줄까. 그런 것을 따져보는 것 자체가 아무 소용이 없다는 듯, '그녀'의 몸은 빠르게 녹아내리고 있었다. 그리고 이제 막 이 모든 것이 끝날 참이었다. 항상 대비를 잘하는 '그녀'였지만 자신의 몸이 녹아내리는 상황에서는 해볼 수 있는 것이 없었다. 그저 녹아내리는 자신을 느끼는 것밖에. 그러니까 '그녀'는 삶의 마지막에 와서야 '지금'을 온몸으로 느끼고 견뎌내면서 살아 내고 있는 중이었다.

'그녀'가 살아보지 않은 미래 때문에 지금을 놓쳤다면, 현수 씨는 지금을 견디느라 미래를 등한시했다. 독자는 궁금할 것이다. 그렇다면 그 적절한 지점은 어디냐고. 지금을 견디면서, 미래를 위한 준비는 어때야 하는 거냐고. 인생에 정답이 없다는 것을 인정한다면, 소설이 제시하는 답이 무엇이냐고 재촉할 수는 없을 것이다. 소설이 알려주는 것은 그저 지금을 견딘다는 것과 미래를 위한 준비가 삶에서 필요한 일이라는 것밖에.

분명하게 알 수 있는 것은 이것이다. '그녀'에게 시간이 얼마 남지 않았다는 것. 더 이상 기회가 없다는 것을 분명히 인식한 '그녀'는 모든 군더더기를 덜어낸 뒤 남는 한마디를 아들에게 한다. "사랑해" 그리고 현수 씨에게도 입을 맞춘다. 현수 씨가 "차가움을 견디는 동안, 그녀는 자신의 입술과 혀가 녹는 것을 견딘다. 지금이 그와 함께하는 마지막 순간이다. 그리고 이내 '그녀'의 몸은 물이 되어 사라져버렸고, 이제 누구도 '그녀'를 불러볼 수 없게 되었다. '그녀'는 사라졌고, 우리는 남겨졌다. 그렇다면 남겨진 우리에게 이렇게 물어볼 수 있지 않을까. 우리에게 '지금' 남은 시간은 얼마나 되느냐고. 그 시간은 '그녀'에게 남겨졌던 시간보다 많다고 말할 수 있느냐고.

「작별」, 한강

Q1 가난한 현수 씨는 끼니를 굶을 때도 많습니다. 배가 고픈 날은 방에서 최소한으로 움직이면서 가지고 있는 에너지를 아끼는 방식으로 배고픔을 견디는데요. 이런 현수씨의 사정을 '그녀'는 잘 알고 있습니다. 그러면서도 '그녀'는 현수 씨에게 앞으로 어떻게 할 생각인지에 대한 계획을 묻지 않습니다. '그녀'는 "오직 그 조심스러운 침묵 덕분에 둘의 관계가 지탱된다는 사실을 알고" 있는데요. 그렇다면 그들은 서로에게 각각 어떤 존재일까요. 생각을 나눠 봅시다.

Q2 '그녀'는 불확실한 미래를 '대비하는 삶'을 살고 있습니다. 그런데도, 자신이 눈사람으로 변해버리는 상황에는 대비하지 못했는데요. 그렇다면, 우리는 불확실한 미래에 대해 어떤 마음과 태도를 가지고 살아야 할까요?

Q3 현수 씨는 가난하지만, 적극적으로 돈을 벌려고 하지 않습니다. 그저 가난을 '견디면서' 살아갈 뿐인데요. 여러분은 이런 현수 씨의 삶에서 무엇을 느끼셨나요. 생각을 나눠봅시다.